鎌ケ谷　まち歩きの楽しみ

秋山秀一著

新典社

はじめに

東京・平井に生まれたぼくが、鎌ケ谷市に暮らすようになって、四〇年。今まで、

「なんで鎌ケ谷に移ったのですか…」

と、聞かれた時には、

「東京へ一時間ほどでアクセスできる場所で、津波や水害の心配がない台地の上。自然があり、空気がきれいで気候の温暖な所。それが、主な選択の基準かな」

と、答えてきた。


東日本大震災で鎌ケ谷市の震度は五弱だった。五強～六弱だった周辺の市に比べ、揺れが小さかったことで、最近、「ゆれにくいまち　鎌ケ谷」として注目されることもあるが、これも、地盤が強固な北総台地に位置することに関係しているのだと思う。

北総台地の最上流部に位置している鎌ケ谷市に降った雨は、手賀沼、印旛沼、そして江戸川流域方向へと、三方向へ流れていく。


初めて鎌ケ谷にやってくる、という人には、

「鎌ケ谷市役所の地盤高は約三〇ｍ。北総台地の頂に位置する市役所の屋上からの展望は必見ですよ。東に筑波山が見え、西には富士山と東京スカイツリーが見えます」

と、事前に言っておく。そのことにご本人が興味を示せば、シメシメ。市役所の屋上に案内するようにしている。

「鎌ケ谷というと、鎌ケ谷大仏を連想するのですが…」

と言う人には、

「大仏というと、奈良の大仏、鎌倉の大仏が有名ですけど、鎌ケ谷大仏だって負けてはいません。大きさでは負けますけど、駅名に大仏の名前が付いているのは鎌ケ谷大仏駅だけなんですよ。奈良大仏駅や鎌倉大仏駅というのはありません」

と、持論を展開してきた。

ずっと、そんなことを言ってきたものだから、初めて鎌ケ谷にやってきて、実際に鎌ケ谷大仏を見た人に、

「ずいぶん小さいんですね」

と、言われたこともある。

が、そのことで、鎌ケ谷大仏のことが強く印象付けられたようで、それはそれで、結構なことだと思っている。年に四回刊行されるタウン情報誌『Ｃｉｔｙかまがや』との関わりは、創刊号から。第二号からは、市内を歩いて、「鎌ケ谷の自然を訪ねて」を書くようになった。それも、そろそろ三〇年。

よく続いたもんだと思う。雑誌そのものが、である。

「何にもない所で、よく書けますね」

と、言われたこともあるが、鎌ケ谷のまちを実際に歩いてみれば、いくらでも書くことは出てくるもの。そんな人には、

「歩いてみたらいかがですか。すると…」

と、答えるようにしている。

鎌ケ谷の良さは、歩いてみないとわからない。そのことは、どこであろうと同じことだと思う。テレビの番組、それに、雑誌や新聞の記事に、最近、身近な所を歩く、まち歩き関連のものが増えてきた。何より、歩くことは、健康にいい。それに、自分の暮らすまちのことがそれまで以上に気にかかるようになる。関わりの度合いが強くなれば、それだけ、まちの未来がより良いものになればいいな〜、と、思うようになる、というものである。

このところ、まちの地形についても、取り上げられることが多くなった。

「今は、こうなっていて、わからなくなっているけど、昔の地形はこうなっていた。この坂を下って行くと…、ここに以前は小川があって…」

と、いったように。

いいことである。

でも、そんなことを聞いたり読んだりした時、ぼくは、

「鎌ケ谷では、まだ、その元々の地形が見えるんだよね。残っているんだよね」

と、思って、ニヤリとする。

　鎌ケ谷にまだ自然が残り、元々の地形を見る事が出来る、ということは、ありがたいことだと思う。まち歩きをより楽しむためには、地理の目、地形を観る目、これが、大切。それがあるのとないのとでは、楽しみ方の度合いに大きなちがいができる。地形が分かると、まち歩きがより楽しくなるのだ。

『Ｃｉｔｙかまがや』に「鎌ケ谷の自然を訪ねて」を書くために、市内を歩く。それも、一人ではなく、いろいろな人たちと一緒に。年に四回の、この、鎌ケ谷のまち歩き。楽しくてしょうがない。ありがたいことである。

　本書をまとめるにあたり、今までに書いてきたものを、改めて読み返してみた。創刊号に書いたもの、それに、「鎌ケ谷の自然を訪ねて」の第一回目を読んでみて、これが、意外に「古さ」を感じないことに、驚いた。

　この本を読み、鎌ケ谷というまちを歩いてみようかな〜、と、思っていただければ、幸いである。何と言っても、歩くことは健康にいいことなのだから。また、今まで気づかなかった鎌ケ谷の魅力を知り、ちょっといい気分になり、これからもこのまちで暮らしていきたいな〜、と思う、あるいは、鎌ケ谷に移って暮らそうかな〜、なんて、考える人が出てくるようになれば、こんなに嬉しいことはありません。ふるさと・鎌ケ谷、いいところなんだよな〜。

目次

鎌ケ谷ぶらりマップ

N
船橋我孫子線
佐津間
しらはた橋
北部公民館
下総航空基地
さわやかプラザ軽井沢
松戸方面
六実
鎌ケ谷西高
粟野
新鎌ふれあい公園
粟野保育園
粟野の森
くぬぎ山交差点
入道台
入道溜
イオン鎌ケ谷ショッピングセンター
東横イン
国道四六四
〈成田スカイアクセス〉〈北総鉄道〉
警察署
市制記念公園
くぬぎ山
国道四六四
新鎌ケ谷
市民体育館
北初富
鎌ケ谷総合病院
市役所
五本松
国史跡下総小金中野牧跡(捕込)
郷土資料館
風間街道
国道四六四
中沢郵便局
中央一郵便局
貝柄山公園
初富
初富小学校
鎌ケ谷南初富郵便局
鎌ケ谷カントリークラブ
第四中学校
カントリー通り
精工舎通り
東中沢ふれあい緑道
茂野製麺
東中沢四丁目ふれあいの森
稲荷前三差路
初富郵便局
まなびぃプラザ
雨の三叉路
道野辺本町公園
東武団地
小室方面
鎌ケ谷
鎌ケ谷郵便局
コープ
八幡春日神社
鎌ケ谷駅東口駐輪場
萬福寺
道野辺八幡宮
はやしみず
鎌ケ谷大仏
三咲方面
千葉鎌ケ谷松戸線
鎌ケ谷スタジアム
鎌ケ谷高校
鎌ケ谷一丁目ふれあい公園
鎌ケ谷大仏
ユニオン通り
〈新京成電鉄〉
中沢
〈東武アーバンパークライン〉
鎌ケ谷五丁目ふれあいの森
鎌ケ谷道野辺郵便局
東道野辺ふれあいの森
私市酒造
木下街道
鎌ケ谷新田郵便局
豆ケ台
馬込沢

鎌ケ谷に暮らす

「どこにお住まいですか?」

「鎌ケ谷です」

「鎌ケ谷?…鎌ケ谷ってどこですか?」

住所をたずねられたとき、鎌ケ谷に何らかのつながりのある人を除くと、こうなることが多い。こんなとき、私は〈さあ、またおいでなすった〉という気になって、内心ニコリとする。

何といっても、相手は鎌ケ谷のことを何も知らないのである。ここで私から得た情報が鎌ケ谷というもののイメージ作りに大きな役割を果たすことにもなる。変なイメージを作りあげられてしまっているよりは、むしろいい。

まず、「市川・船橋・松戸・柏のちょうど真ん中の、台地の上にあって、住むのにとてもいいところですよ」と答えることにしている。

まちのイメージ、それに空間的な認識もゼロに等しかった人が、話をしているうちに「鎌ケ谷ってそんなところなのか」と、興味をもちはじめ、さらに、「鎌ケ谷っていいところなんですね」

となればしめたもの。

また、話をしているうちに、自分でも意識していなかった鎌ケ谷の良さ、のようなものを発見することがあったりする。これは安っぽい「お国自慢」とは異質のもの。こんなところで、一番だ、二番だ、と競う必要もないし、どこどこより良い、悪いと比較するのも意味のないこと。そこに暮らす人が実際にどう感じているかが大事。それを素直に伝えればよい。

*

冬、暖かい陽の光をうけ、夏、セミの声を耳にしながら木陰で休む。

大雨が降っても家が流される心配をすることもなく、高潮や風など台風の猛威にビクビクしなくてもよい。

休日にのんびり自分のリズムで、リラックスした時をすごすことができる…。

こういった、一見、何でもないようなことが、実はとても大切なことなのだと思う。しかも、いったん失ってしまうと、再び元の状態に戻すことはできない。失ってから、別の形でそれらを取り戻そうとしても高い代償を支払わなければならないのだ。

鎌ケ谷が一番、とは思わない。しかし、今鎌ケ谷に住んで、これから他の土地へ移りたい、と考えたこともない。それだけに、よけい、これからも、ここ鎌ケ谷というまちが、住み心地の良いまち、戻ってきたときに本当に落ちつくまちであってほしいと思う。

＊

鎌ケ谷は、実際の距離より、イメージとして東京からは遠い。それはそれでよい。が、あらゆる点で、東京及びその周辺の街と比べられてしまう、というのはいささか考えものである。

新しい土地に移り住んだ人にとって、以前住んでいた土地と比較してものごとを考えてしまう、というのはごく自然なこと。とくにこちらには無いものについて気になるようだ。しかし、以前無かったもので、こちらにあるものについては比較的目につきにくい。とくに自然のものが…。

そんな鎌ケ谷の良さ、といったものがタウン誌の中で発見できれば、いいな、と思う。

鎌ケ谷に住む人の心の感じられる、温かな誌面づくりを、ゆっくりと…。

今、私の周りで、「鎌ケ谷」はいささかメジャーである。

（一九八七年冬　創刊号）

囃子清水

「昔はあったけど、今は…」

「あそこにきれいな湧き水があって、カニがいて、こどものときつかまえたりしたけど…、溜池もあったな…」

こんな話をよく耳にする。

湧き水、池、里山、林…。たしかに、これらは一〇年前、二〇年前、いや、もっと前のことを知っている人にとっては、「ここも、あそこも」ということになるにちがいない。今、私たちがこうして暮らしている所だって、かっては、そういう「自然」の豊かな場所であったかもしれない。

じゃあ、今の鎌ケ谷にはそういった自然はもう残っていないのだろうか？

いや、そんなことはない。たしかに少なくはなっているが、森も林も湧き水も、まだ、まだ、存在している。

気になるのは一〇年後、二〇年後。で、市内に残っている「自然」を訪ねて、歩いてみることに…。

＊

第一回目は囃子清水。

東武鎌ケ谷駅の南東、歩いて七〜八分の所にある。ゴルフコースの間の坂道をくだり、そして、のぼり、右に曲がると七面堂。その先に公園の入り口。低くなった所に公園。おりる。左手にコンクリートの排水路。右手に自然のままの崖があり、その下に水のある風景が広がる。歩く。木の橋を渡る。木でできたテーブルが二つ。それに腰かけ。その奥に四角い形の囲いがある。近寄ってのぞいてみると、水の湧いているのがわかる。台地との境、崖の下に湧く、澄んだ水。

「あ、これ、すみれだ」と、同行者のKさん。

「ウー、クックッ」と鳥の声。

「キジバトはよく見かけますね」

「おっ、カモがいた」

湧き水が集まって、池になっている。そこにカモが…気持ち良さそうに。

「ピーピー」とセキレイの声。

鳥、水、風、光、そして、林。静かである。

池の向かい側の崖には雑木林が残っている。木には名札もある。

水辺にそって歩く。

「夏は冷たくて、気持ちいいでしょうね」

「これは排水と別にしてあるから、水がきれいに…」

エノキの大木が池に覆いかぶさるように、のびている。

＊

水の湧き出ている所に崖をのぼる道がある。歩く。太陽の光をうけて、ここの土は乾いている。

しゃがみこんで、土を手にしてみる。

笹がある。崖をのぼりきった所に、ソロの大木。そして神社があり、ちょっとした森になっている。

ベンチが二つ、三つ。境内に竹ぼうきを使った跡。

「きちんとそうじしてますね」と、Ｋさん。

モチノキ、スギ、マツ…。社の後ろに井戸があった。

「昔話として、囃子清水は、自然がつくった噴水でさまざまな形に変化し、『笠になれ』というと笠の形をつくり『蓑になれ』というと蓑の形になったといいます。この水源は…」

と、市教育委員会による説明板があった。

噴水とあるので、その昔は、ただ湧き水というより、水が噴き出すほどであったかもしれない。

＊

スギの大木がある。二ｍほどの高さのところに燃えたあとがあり、へこんでいる。そこに五円玉がひとつおいてあった。

神社のある台地の上から、下の池、湧水地点をながめる。

沈みかけた日の光を、木々の間で楽しむのもいい。

「こぶしで、これだけ立派なのはめずらしいですね」と、Ｋさん。

「あっ、つぼみがもう出てますよ。ネコヤナギみたいですね」とも。

この水が、鎌ケ谷高校の西を通って、鎌ケ谷グリーンハイツへとつづく。


（一九八七年　第二号）

里山の風景（中沢）

ヨーロッパから、アメリカからやってきた飛行機が成田空港に向かって着陸態勢に入る。

地上の気温その他の情報が機内に流れ、「二〇分ほどで着陸」のアナウンス。

窓の外を眺めると、太平洋、そして、海岸線。左手に利根川の流れ。犬吠崎もはっきりわかる。

夏の夕方は、ややガスのかかることが多いが、九十九里の海岸もよく見える。

利根川、水路、水田、そして、やや濃い緑色をした塊。様々な形をした緑のダンゴがあっちにも、こっちにも…。この緑地―里山―が何ともいい。

空からの眺め、も、国によってかなりの違いがある。

エジプト、中国、アメリカ、ヨーロッパ…それぞれ、空に向かった顔がある。

春、夏、冬、季節によっても変化する。

高度が下がる。

全体的にボンヤリとしたガスに包まれる。

工場のエントツから煙が、スーと東から西へ。導水路がまっすぐのびる。

そして、ランディング。

成田上空から眺める「日本」というのも、けっこう美しいもんである。

一九八七年の夏、前半はヨーロッパに、そして、後半はカナダに出かけ、この「日本の風景」を二度眺めた。

＊

ちょっとした林、それを土地の人はしばしば「山」という。

「ヤマに行って、サカキをとってくる」といったように。これは、高くそびえる「山」とはちがったもの。この「山」が、いわゆる里山である。

台地にこんもりとした森、そして、その縁には湧き水の出ていることもあり、水田に利用されている低地と深い係わりをもっている。

鎌ケ谷市内にも里山は多い。

市内に残る、そういった里山を歩いたり、自転車に乗ってみるのも、けっこういいもんである。

ヤマのふもとに湧き水を発見したりすると、ホッとする。

そんな市内の里山風景の中を歩いてみた。

場所は中沢。

＊

「森があって、ここは散歩道にいいですね」と、同行のKさん。

「この辺なんですよ。ホタルが出るっていうのは…」とも。

Kさんにとって、子どもの頃、ヤマの周りの湧き水の出るところは大切な遊び場だった。もう二〇年以上も前のこと。

「昔はこの道がもっと狭くて、車が通れないような道で、沢ガニをとったんですよね。子どものとき」

巻貝があった。

手にとってみる。

「セリがありますね」

道は広げられたとはいえ、まだまだ、森の道。

その道のわきに、たしかに湧き水があった。

きれいな水が沸いている。

近づいてみると、ゆるやかに流れているのがわかる。

セリ、巻貝があるのも、この水があるため。

「これ、カワニナじゃないですか」

「ホタルの餌！」

と大声をあげたMさん。

この辺り、たしかにホタルが出る。昔は、細い道があって田んぼもきちんと整備されていた。子どもが沢ガニをとることのできる所であった。

長靴をはいて、低地におりた。

夕陽がけっこうまぶしい。

「流れてますね」

「たしかに…」

林の間を制服姿の女学生が三人、話しながら、楽しそうに歩いていった。

「こういう風景もなくなっていくんでしょうね」

「むこうの道はなんども通ったことがあるんですけどね」とKさん。

「そうですね。市川へぬける道ですからね」

今、この低地のむかい側にある道路は車が激しく行きかう。


（一九八七年　第四号）

大津川・しらはた橋付近（佐津間）

栗野保育園から北部小学校へ、そして、さらに北へ向かう。

台地の縁から湧き出た水の澄んだ流れがチョロチョロと。

ダイコン畑のむこうに北部公民館、その北方に広がる沖積低地。低地のほぼ中央を大津川が北へ流れる。

「ちょっとこっちの道がいいですね」

二つに分かれる道があった。右手の道は台地に通じるゆるやかな坂道。竹林もある。

黄色い花が咲いていた。

ツワブキの花である。

「ツワブキは今ごろ咲くんですね。寒さの中でガンバッテ…。葉っぱがフキみたいでしょう。もともとは海岸近くに…」

と、植物にくわしいKさん。

「これは、アケビですね」

野ブドウの葉もあった。

「この辺りに道路でもできるんですか？」

と、通りすがりのおばあさん。

男の子と女の子の手をしっかりと握っている。

カメラをかまえたり、野帳を開いたりしていたので、何をしているのか、と思われたか？

「いや、市内に残っている自然を観てまわっているんです」

「そう…？」

「あっ、キジバト…」

右の道をキジバトが二羽歩いていた。

＊

川に出る。

橋の名はしらはた橋。

「昔はここで泳いだらしいですよ。魚を取りながら…」

と、Kさん。

「大雨が降ると、この辺り一帯水につかって…」とも。

つまり、この辺りの低地が、一時的に水を貯えて遊水地の機能を果たしているということ。

橋からながめる水は、けっして、きれいで、澄んでいる、とは言えないが、こういう低地の役割は大きい。

下校途中の子どもたちが、川を見て「どぶ川」と言って通り過ぎていった。

家庭雑排水が入り込んで、ちょっと臭いも…。しかし、台地の縁から澄んだ湧き水が出ていて、この川に入り込んでいるのも確か。

「ハコベすごいですよ。白い小さな花が咲いていますよ…」

この低地には、植物園とはちがった花の世界が広がっている。

「これはオオケタデ。帰化植物で、園芸用に持ってきたのが野生化したものですね」とKさん。

橋の下流、右岸に咲いている大きな花。そこから五～六m下流を見ると、こっちにも同じような花で小さいのがある。

「この小さいタデが、もともと日本にあったもの」

市内の沖積低地も、よく見ると、いろいろな花が咲いている。

「どぶ川」「雑草ばかり…」などと言って敬遠ばかりしないで、目をむけてみると、けっこういろいろな発見があるもの。

ゴミ捨て場と勘違いするなど、もってのほかだ。

「あの木は何ですか?」

「ちょうど川の方へ腕をのばしたようで…いい形ですね。柳の一種ですかね…」

そして、ススキの群生。

下校途中の子どもたちが、またやってきた。するとKさん、オナモミの実をとって、子どもたちめがけて、エ～イ。

子どもたちも応戦。

楽しい。

木のそばまで行ってみることにした。

「あっ、これ、セリですよ。セリ、いいセリですね」

「イナゴがいた」

エイ、と右手でつかまえる。

「今、めったに見ないですね」

たしかに。で、再び放す。

草の中を歩いていく。オナモミのトゲトゲした実がズボンにくっついてくる。

「イタ、イタタタ…」

オナモミが靴下にまでくっついた。

「靴下につくと痛いですよ、歩くコースまちがえましたね」

と、涼しい顔のKさん。

「この白いのはハコベ。あれはクズの葉」

夕暮れ。逆光の中のススキがいい。

草のジュータン。

ハコベ、イヌタデ、ススキ、イシミカワ、オナモミ、セリ、ジュズダマ、クズ…まだまだある。

「あっ、こんな所にガ」

しゃがみこんでよく見る。たしかにガである。生きている。

「ちょっと顔見て下さい」

じっくり見る。

何とも可愛らしい顔をしている。

小さなカエルもいた。

オナモミが尻にもくっつく。

「とってくださいよ」と言えば、「押したりして」と、Kさん。

しらはた橋に戻る。そして、しっかりとくっついたオナモミを一つひとつとる。それもいい。


（一九八八年新春　第五号）

坂を上って、台地に出て…（佐津間）

野帳って、何？

もしかしたら、手帳の間違いでは？

前回の「鎌ケ谷の自然を訪ねて」を読んでくださった人の中に、こんな疑問を持たれた方がいらしたようなので…一言。

これは、「ヤチョウ」と読んで、現地調査に出かけたり、野山やまちを歩いたりしたときに使用するノートのこと。大きさはほぼ新書サイズ。現地で立ったまま、ときには歩きながら記録をとることもあり、書きやすいように表紙は厚くなっている。

本来はフィールドノートというらしいが、「地理」や「地質」なんかを専門にする連中の間では、「ヤチョウ」ということが多い。

これに、見たこと、聞いたこと、感じたこと、計ったこと、など、など、何でも書いてしまう。使いだすと、けっこう便利なノートなのである。

手帳の間違いではありません。

ふだん、ごくあたりまえのこととして、全く気にしないで使っていても、それが、ある一部の人を除くと、「何のことかわからない」ということも…。

で、今回も、野帳を持って、鎌ケ谷の自然を訪ねて、外に出た。

＊

水は低い所を流れる。

鎌ケ谷は、いわば北総台地の分水嶺にあり、水の流れる谷や沖積低地のまわりに台地が広がっている。

前回歩いた大津川の水も、もともとは台地に降った雨水が、地中に浸透し、ジワリ、ジワリと湧き出して集まったもの。

地中を移動する水の動きは、おどろくほどゆっくりしている。

鎌ケ谷の水にとって、この台地の果たす役割は大きい。

今回は、大津川に水を供給している台地の一つを訪ねてみた。

＊

坂道をのぼる。

歩いたのは、二月の初め。

今年（一九八八年）は例年になく暖かな日が続き、「もうすぐ、春」の気分で歩いていると、

「ワンワン、ウーワンワンワン」

と、犬にほえられた。

土地の境界には大きな木が並ぶ。

それに、ササとナンテン。

オオイヌノフグリが紫の花をつけ、ナンテンの赤い実、それに、ハコベの白い花。

道端の小さな花もいい。

台地の上に広がる畑。

ネギ。

ビニールの中をのぞく。

「ガチャン、ガタン」

と工場の機械の音。

「ちょっときて下さい」

茶の木のまわりに、こまかい虫が塊になって飛び交っていた。

「何ですかね、これで成虫ですかね」

とKさん。

手をパチン。

「あれ、こりゃ蚊ですよ、すごいですね」

「茶の木って、垣根や境界に植えられますね」

北部小学校の方向に沈みかけた太陽。

低地のむこう側は、住宅が密に建ち並ぶ。

北の方の谷に、竹やぶ。

基地から飛行機が飛ぶ。

台地の上の平らな所は畑。

家は、低くなった谷の部分に。

上の方に建っているのはやや新しい家。

「昔からの家は低い所にありますね。風が吹くと、けっこう厳しいですから…。今日は暖かいですけど…」と、Kさん。

畑の中にちょっとした緑の島。

白いつぼみがついている。オランダミミナグサである。

「花はけっしてきれいじゃないですけど…」

「あの竹は、畑の霜よけ、風よけに植わっているのかも」

「あの青いトタン屋根の家、あの屋根の形がもともと鎌ケ谷に多い屋根ですね」

ウンヌン。

土を感じながらのんびり歩く。
ササ、サカキ、茶、ツバキ、ナンテン…道の両側に落ち葉。
「これはタチツボスミレ。スミレの中で一番ポピュラーで…」
坂を下る。
竹やぶ、夕陽、風、鳥の声…。
歩くのは楽しい。

（一九八八年春　第六号）

一〇年目に思うことは…

「二〇年前に書かれたものが、今でもそのまま通用しますね」

編集者のKさんに、そう、言われた。

では、と、改めて創刊号を取り出して、「鎌ケ谷に暮らす」のタイトルで書いた一〇年前のその文章を、読み返してみた。

読んでみて、ウーン…、なるほど、Kさんの言うとおりだ。どこを読んでも、一〇年経った現在でも、そのまま当てはまる。文章も、新鮮そのもの。正直なところ、驚いた。

そして、つぎの第二号から、「鎌ケ谷の自然を訪ねて」のタイトルで、市内に残る「自然」を訪ね、実際に歩き、その様子やそのときに感じたことを書いてきた。

自然、とくに植物に詳しいKさんにも毎回登場していただいた（このKさんは編集者のKさんとは別の人）。

一〇年、二〇年、と、先のことは、結構、気安く、軽い気持ちで言うもの。

しかし、一〇年という年月は、やはり長い。よくも続いた、と、思う。

ぼく自身について言えば、毎回、ただ自然のなかを歩きながら、Ｋさんとの会話を楽しみ、書きたくなったことをそのまま文章に書き記してきただけのこと。楽しいことは何度もあったが、しんどいことは何もなかった。年に四回、一〇年間、楽しいときを過ごしてきた、というのが実感だ。

自然のなかを歩くだけでも楽しい発見がたくさんあった。また、鎌ケ谷に長く暮らす人たちからは多くの貴重な話を伺うことができた。考えさせられることも多かった。

いや〜、実に、この一〇年、鎌ケ谷という街から、そしてここに暮らす人たちから、多くのことを、楽しみながら勉強させていただいた（楽しんでやってきたのだから、「勉強」ではなく「勉楽」…）。

感謝、ただそれのみである。

＊

それにしても、たいしたもんだよウンヌンは、なんといっても、この『Ｃｉｔｙかまがや』の編集部の人たちだ。よくも、一〇年もの長い間…。とくに驚くのは、その間、誌面作りの上での基本姿勢が全く変わっていない、ということだ。創刊号を出す、というときに聞いたいろいろな話を今思い出してみても、ピー、と、一本のすじを通しているのが、うれしい。

ものごとはこうでなくちゃ。

目先の、しかも、自分だけの利益にのみ目がいって、あっちいったり、こっちいったり、ふ〜

ら、ふ〜らしている人たちがこのところかなり目に付くようになったなか、そんな不愉快な気持ちをも和ませてくれるほどだ。

突っ込むところ、距離を置くところ、それらのバランス感覚もいい。

イイナ、イイナ、である。

この『Ｃｉｔｙかまがや』、そして、そのスタッフの皆さんと一〇年間にわたってお付き合いできたことは、ぼくにとって、とても貴重な、そして、大切な経験であった。これは、正直な気持ちだ。

ソン、か、トク、か、で動くのではなく、イイことか、ソウデナイことか、で動くことが大切。このことは、なにをやろうとする場合でも大前提のはず。もちろん、まちづくりの場合もいっしょ。

＊

「一〇年間連載してきて、それを振り返って、なにか書いていていただけませんか?」

と、いうのが、今回ぼくにあたえられたテーマ。

で、思いつくままに、勝手に書かせていただいている。お許しを。

この原稿は、いつもは三Ｂ鉛筆を持って、原稿用紙を一マス一マスうめながら書いている。

が、今回のはワープロを使っての原稿。

今使っているワープロは三代目。だが、ワープロが入ってきたからといって、ぼくの仕事場でワープロがでかい顔をしているわけではない。ワープロも、ときに使われる、といった程度の顔をしている。

一番でかい顔をしているのは三B鉛筆。旅の原稿をはじめ、ぼくが楽しみながら書いているエッセイの類はなんといっても三B鉛筆で書く。

まず、五〜六本の三B鉛筆をカッターできれいに削ることから始まる。ゆっくり削りながら全体の流れを考え、書き出しの文章を考える。このときが、実は、ぼくはとても気にいっている。

書き始めたら、あとは、時間との戦い。一気にいく。そのときのスピード、リズム、といったものが、三B鉛筆にぴったりなのだ。もう、二〇年以上になる。きたない字で読み取るのに苦労させてしまうこともあるらしいが、これはやめられない。

なんといっても、楽しい、大切な原稿を書くのだから…。

万年筆も使う。サインペンやボールペンも使う。そして、ワープロも使う。だが、ワープロにでかい顔はさせない。今回の原稿はちょいと理屈っぽくなってきた。ワープロを使うと、こうなる。一つひとつ、字を書いていくのとはちがって、キザな言い方をすると、血のかよわない冷たい文章ができあがってくる。したがって、ワープロを使った方がいい場合もある。で、そのときには使う。

ぼくはふだんよく歩く。自転車にも乗る。歩くのも、自転車に乗るのも、ごく自然なことで、イヤだと思ったことはない。もっともぼくにとっては歩くことが仕事のようなもので、海外でもよく歩く。自動車にはめったに乗らない。

歩く、自転車に乗る、自動車に乗ることを、それぞれ、三B鉛筆、万年筆（ボールペン）、ワープロに無理やりあてはめてみると、机上でワープロを使うその頻度の一〇分の一、いや、一〇〇分の一も自動車の出番はない。

これが、いたって精神衛生にも身体にもいいときている。正直に言えばときにしんどいときもある。それは激しく雨の降っているときだ。道をいく自動車にはガソリンだけが流れていて、人の血は一滴も流れていないことがよくわかる。たとえ人間が運転しているとしても…。そしてまちのことがよくわかる。まちのことを本当に知りたければ、雨の降るときにゆっくり歩いてみるのがいい。隅々までゆっくりと。

まだそういった経験のない人には、是非とも雨の日に市内を歩くことをお勧めしたい。とくに行政に携わる人には…。

新人教育の一環に、雨の日、それも、激しく降るときに歩いてもらい、レポートを書かせてみるのもいい。新人のときの「鎌ケ谷のためになにかしてやろう」といったフレッシュな気持ちのあるときに、そういった経験をしておくことはいいことだ。きっとレポートもいいものを書くにちがいない。が、そのあとが大切。そのレポートを一〇年後、二〇年後にも、読み返してもらうのだ。エラクなってもそのときの気持ちを忘れてもらわないためにも…。

＊

今回の「鎌ケ谷の自然を訪ねて」は、一〇年目の中休み、ちょいとワープロにかってなことをしゃべらせてみた…?

次回からは、また、鎌ケ谷のいい話を、Kさんと。もちろん三B鉛筆で。お楽しみに…。

最後に、もうすこし。

「鎌ケ谷が一番、とは思わない。しかし、今鎌ケ谷に住んで、これから他の土地へ移りたい、と考えたこともない。それだけに、よけい、これからもここ鎌ケ谷というまちが、住み心地の良いまち、戻ってきたときに本当に落ちつくまちであってほしいと思う」

創刊号に、こう書いた。この気持ちに、あれから一〇年経った現在でも、変わりはない。

はたして、これからの一〇年、鎌ケ谷はどんなまちに…。

（一九九六年秋　第四〇号）

季節が変ると、風景もちがったものに

自然の中を歩くのは、気持ちのいいことだ。

「リフレッシュしますね」

とは、Kさんも、ぼくも、いつも感じること。

身近なところを、自分のリズムで、好きなように、歩く。

これ、だれにもできること。

しかも、いつでも、いつまでも、簡単に…。あとは、本人の気持ちの問題、その気になりさえすれば、だけどね。

＊

以前歩いた同じ場所でも、季節が変わって歩いてみると、まるでちがった風景がそこに…。そのちがいを見るのも、また、楽しいものだ。

このコーナーの取材のため、三ヶ月ごとに、年四回、自然を訪ねて市内を歩いている。

三ヶ月後に前回歩いた所によってみると、

「ずいぶん風景がちがってますね〜」

ということも、しばしばである。

＊

四月下旬、天気はカラッとした薄曇り。歩くのには申し分のない状態。こんなときは、やはり気分もいい。

ビリケン君のことも気になるし…。で、今回は、鎌ケ谷市に隣接する市川市の大町自然観察園へ。日にちを変えて、歩いてみることに…。

水路のシジミを見て、

「突っつかれてますね。シジミ、鳥が食べにくるって言ってましたね」

と、Kさん。

シジミだけでなく、背中に突っつかれたような痕跡のあるコイも泳いでいる。

水路に沿った新緑の道を歩きながら、Kさん、さっそく発見の喜びを…。

「キノコですよ。これ、珍しいですよ」

卵型をしたキノコの頭部に網目状のくぼみがボコボコについている。大きさは七〜八㎝。色は黄土色。

花ダイコンがしずかな水面に映って

アミガサタケである。

図鑑の説明によると、このアミガサタケの頭部と柄の部分はともに中空になっており、各々のくぼみは一個のチャワンタケに相当するとのこと。

また、「欧米では食用としているが、我が国では余り食べない」とも書いてある。

「珍しいキノコですね〜」

と、二人で、じっくり観察。

この時期に歩いたからこそ、こんな楽しい発見の喜びを、味わうことができた。

＊

ビリケン君は…、いたいた。池の辺の同じ場所に、いた。真っ白い羽根。赤いややゴッツイ顔も、今では見慣れて親しみが湧いてくる。棚に、真新しい白いロープが張られていた。池の辺を歩く人がけっこういる。風はなく、花ダイコンの紫色の花が静かな水面に映っている。静かな森に、鳥のさえずり。

ゆったりとした、この空間。そして、時間。いいもんだ。

と、突然に、Kさんの声が…。

「大発見。あ〜、大発見です」

そばに行くと、

「こんなの見たことあります？　ツクシンボウですよ」

と言うKさんの指差す方を見ると、たしかにツクシンボウが一本。スギナの先っぽに。

「ふつう地下茎から出るでしょう。これ、スギナの天辺から出てますよ。私、初めて見ます。ツクシンボウがこういう風に出るとは…、ビックリしましたね〜」

今回も、続々と、大発見が…!!

＊

クレソンの群生　白い花が咲いてかたまりになって

橋の上から、「大きいね〜」と言いながら池のコイを見ている年配の二人連れ。
Kさんが気になるのは、池の中の大きなコイではなく、小さな白い花。水辺の茎の上、木の根っこに咲く、ツボスミレの白い小さな花。控え目に咲くこの小さな白い花に感じる、たくましさ。
クレソンも白い花をつけている。が、この時期になると、まるでちがった植物のようだ。あの、春には水辺にひっそりと生えていたクレソンが、今は、背が高くなって、花をつけ、大きなかたまりとなって群生している。

これ、クレソン？

すごいもんだ。なんか、迫ってくるような圧迫感のようなものを感じる。近寄って花を観賞しよう、なんて気にはならない。

そんなことを感じていたら、

「あれ、クレソンだね。白い花の咲いてるの。ちょっと咲きすぎちゃったな～」

と、話しながら、大型のカメラを首にぶら下げた二人連れが、通り過ぎていった。

*

群生するクレソンの白い花のそばに、リュウキンカの黄色い花が咲いていた。

キンポウゲ科のこの花は、有名なミズバショウにつきもののように同じ時期、同じような所に咲く黄色い花。ミズバショウにつられて知られるようになった花、なのである。

「ミズバショウではなかったけれど、クレソンの白い花の群生の中にリュウキンカの黄色い花が咲いていていた」

と、Kさん。

キショウブの黄色い花を見て、

「キショウブも色々あるんですよね」

と、言いながら、図鑑を開いて…。

＊

曇り空。風はない。ソフトな光。花が一番きれいに見えるのは、こんなとき。

モンシロチョウが、花ダイコンの花から花へと飛んでいく。バラはやっとツボミができたところ。フジはツボミが大きくなって、一部、咲きだした。道端にポッと咲いた、オレンジ色の小さなツツジ。

めだか池

「これ、地のヤツですよ」

ヤマブキの黄色い花。ピンクのカラスノエンドウ。

「あっ、めだか池。前はなかったから、作ったんですね」

池をのぞいてみると、

「めだか池って書いてあるけど、メダカいないよ」

と、通りすがりに年配の二人連れ。メダカは確認できず。が、アメンボウがス〜イ、スイ、と。


（二〇〇三年夏　第六六号）

鎌ケ谷の自然を歩いて二〇年

『Ｃｉｔｙかまがや』、二〇周年。たいしたもんである。すごいことだと思う。そういうものに、創刊の時から関わってきたという、そのことは、ぼく自身にとっても、大きな喜びである。二〇年も続いてきたのは、なんと言っても、編集室の皆さんのパワー、それになんとも言えない（相手にノーと言わせない？）強烈で個性的な魅力ある行動力によるところが大きい。公平で、客観的で、しかも、センスの良さ…。この小冊子が、大きな存在感をもって、かくも長い期間、健康的で良識ある鎌ケ谷市民に受け入れられてきたというのも、当然のことと思う。これは、もう、鎌ケ谷の貴重な文化である。これが「文化遺産」となってしまうのではなく、いつまでも、鎌ケ谷の文化の一翼を担い続けていってほしいと思う。

編集部員の主婦パワーに引きずられて、Ｋさんと二人、我らＡＫコンビも、自然を訪ねて、鎌ケ谷市内のあっちこっちを歩くこと、いつの間にか、これまた、二〇年。

さて、今回はどこを歩こうかな、と考え始めると、

「あの湧き水、まだ出ているんだろうか」

と、水のある風景や、今までに歩いて回ったいろいろな所が思い出されて、

「前に歩いた所をぐるりとまわってみましょうか」

ということに。

まあ、今回は二〇周年の記念の号。ちょっとした、コーヒーブレイク、ってな感じで、市内の気になる所をちょいと回って…。

北部小学校のそば、大津川に沿った道を進んでいくと、あった、あった、湧き水を集めた水の流れが、台地から大津川の方へ…。それを見て、

「あっ、流れている」

と、Kさん。大声で、しかも、うれしそうに。この流れに沿って、以前、じっくり歩いたこともあったっけ。

つぎに、貝柄山公園から、県の指定史跡「小金中野牧の込跡」へ向かう。

「残っていますね」

と、Kさんがうれしそうに言ったのは、野馬土手のこと。ぐるりと、野馬土手が残っていた。土手に囲まれた底の部分に、アザミの花が咲いている。

「昔、ここで、馬に湧き水を飲ませてたんじゃないですかね。吹き上がってたやつを」

そう言いながら、Kさん、竹に被われた土手の斜面地を上っていく。が、どうも、格好が良くない。身体が重たそうで、竹につかまって、やっとのことで、土手の上へ。

湧き水が集まって

土手にのぼってみると

音がします

「二〇年たって、体力衰えましてね」

確かに、二〇年前はこうではなかった。

そして、つぎに向かった所は、一番気になっていた、囃子水《はやしみず》。

鎌ケ谷市都市計画課が設置した看板には《囃子水公園　道野辺第一雨水貯留池》と、一般に呼ばれていて馴染んでいる「はやしみず」となっているが、平成二年七月に鎌ケ谷市教育委員会が崖の上に設置した説明板には《囃子清水《はやししみず》》と書かれているのが、ちょっと気にはなるが…。

七面堂の所から、崖の道を降りていく。と、崖下に、チョロチョロと、音を立てて、水が湧き出ていた。

「音がしますね。湧き水が健在で良かったですね」

と、久しぶりにここへやってきたKさん、興奮気味に。

ここは、洪水時に貯留池の役割を果たすだけでなく、この自然を守る市民の地道な活動もあって、市民の憩いの場ともなっている。

「こんにちは」

歩いたのは、日曜日の午前中。同じ色のワッペンをつけた五人連れが崖を降りてやってきた。案内人の説明を聞き、池を見て、公園内をぐるりと歩いていった。


（二〇〇六年秋　第八〇号）

鎌ケ谷の自然を訪ねて八〇回

―― 今、思うこと ――

『Ｃｉｔｙかまがや』とは、創刊号からの付き合い。最初に「鎌ケ谷に暮らす」というタイトルで原稿を書き、第二号から、「鎌ケ谷の自然を訪ねて」を連載するようになって、今回のこの号で第八〇回になった。

「いつも楽しみに読んでいます」

なんて、そんなことを言われると、単純に喜んで、じゃあ次も書いちゃおうかな～ってな感じで、ここまできてしまった。

「よく書くことがなくなりませんね」

と、言われたり、

「何にもないところから書くんですから、すごいですよね」

と、感心されたり…。

まあ、二〇年も続いているのだから、それなりに興味をもって読んでくださる方がいるのだろう、と、改めて、心から、感謝！

＊

創刊号を開いて、二〇年前に書いたものを読み返してみると、

「鎌ケ谷が一番、とは思わない。しかし、今鎌ケ谷に住んで、これから他の土地へ移りたい、と考えたこともない。それだけに、よけい、これからも、ここ鎌ケ谷というまちが、住み心地の良いまち、戻ってきたときに本当に落ちつくまちであってほしいと思う」

こんなことを書いている。

そのときから二〇年経った今も、ぼくはこの鎌ケ谷に住んでいる。

ということは、ウソを書いてはいなかった、ということに…。その間、ほかのまちに住みたい、と思ったことは一度もなかった。

創刊二号、連載が始まった「鎌ケ谷の自然を訪ねて」の第一回目には、こんなことも書いている。

「じゃあ、今の鎌ケ谷にはそういった自然はもう残っていないのだろうか？　いや、そんなことはない。たしかに少なくはなっているが、森も林も湧き水も、まだ、まだ、存在している。気になるのは一〇年後、二〇年後。で、市内に残っている「自然」を訪ねて、歩いてみることに…」

＊

二〇年前に書いたこの文章を今読み返してみて、全く古さを感じることなく、現在にもそのまま通じる、ということに驚いた。

「自然」というものと人間の暮らしとの関わり方の重要性、といったものは、時代が変わろうと、そう変わるものではないのである。

今大事なのは、これからのこと。一〇年先、二〇年先、さらに、次の世代に、鎌ケ谷がどんなまちになっているのか…？ そのことが、大切なのだ。

そこには今このまちに暮らす市民一人ひとりに、当然のことながら、責任の一端がある。そしてまた、今の鎌ケ谷の姿をそのまま記録にとどめておくことにも意義があるのである。で、今後も「鎌ケ谷の自然を訪ねて」市内を歩くことに…。

＊

今回は、編集部の二人にも登場願った。

このお二人、とてつもない行動力があるのに、なかなか控えめで、目立つことが大嫌い、ときている。本人の写真が載るなんて、もってのほか。で、いろいろな話をしたなかで、そのほんの一部のみを紹介することに…。

「楽しみにしているっていう人、多いですよ」

「あれは定着しているし、みんな歩いてみたりしているようですよ」

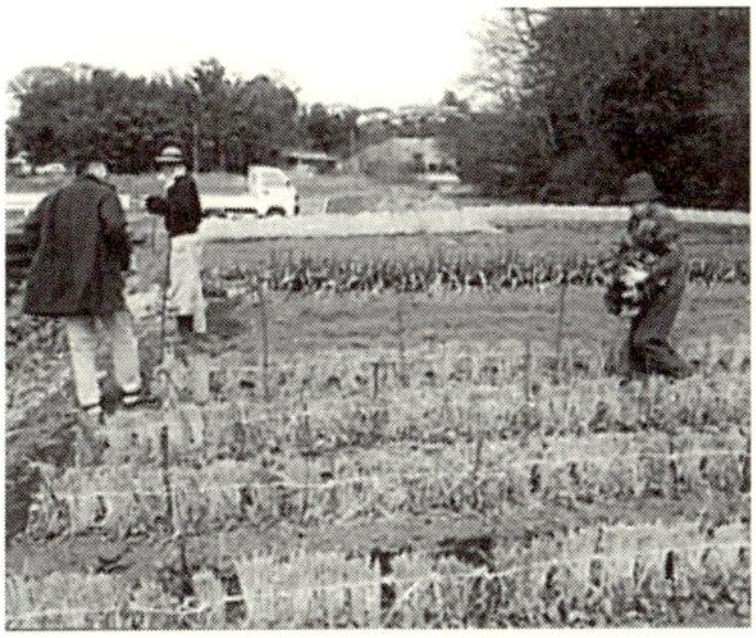
お元気ですか。何つくってるんですか

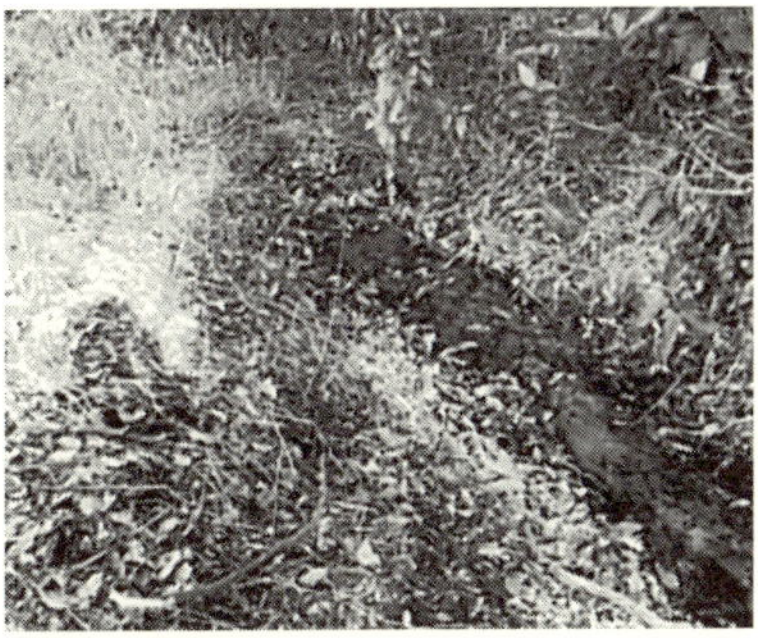
湧き水が流れる

「この本の中の芯になっているって、言われます。感謝しています」

「私はKさんっていう人、尊敬しているんです」

そう言われて、Kさん、嬉しそうに、「それでも、二〇年続いたことがすごいですよ」と言うと、お二人、これまた笑顔で、

「そうね～。いつの間にかね～」

楽しい時間、楽しい会話…。これも、『Ｃｉｔｙかまがや』があってこそ、そして、それが鎌ケ谷市民の信頼を得て、バックアップされているからこそ、であると思う。すばらしい～、の一言だ。

「プレゼントがあるんです」

と言って、出されたものは、何と、創刊号から八〇号まですべてこの欄のコピーをとって、きれいにファイリングされたもの。オシャレですね～。参ったね～。これまた、感謝！　本当はここに編集部のお二人の写真を載せたいのだがそれは我慢。実はこの日も、ほんのちょいと、市内を歩いた。で、そのときの写真を…。場所は、湧き水の流れている、中沢。野良仕事をする人と交流を楽しんだKさんだった。


（二〇〇七年春　第八一号）

鎌ケ谷五丁目ふれあいの森

「いいところ見つけましたよ」

そう言いながら運転するKさんの車に乗って、今回の目的地へ向かう。

「ここですよ」

車を降りたところは、船橋市との市境にある《鎌ケ谷五丁目ふれあいの森》。

「ここに車、修理に出したんですよ」

向かいに、車の修理工場。

「そしたら、ここが見つかったんです。怪我の功名ってやつですね。ワッハッハ」

と、夏真っ盛り、太陽はカンカンに照っているのに、Kさんの頭の中はそれに負けじと、元気もりもり、爆発、といったところだ。深刻な顔をして悩んだ姿よりは元気な方がいいのだが、それも程度の問題で…。

森の中に入る。杉の大木が多い。

「この杉、植林したものですね。樹齢は四～五〇年といったところですかね」

と、Kさん、いつものように。

「クークークー」

キジバトの鳴き声を聞きながら、森の中を歩く。ミズヒキ、シュロ、オモト、ヤツデ、アオキ…。

「みんな、鳥のウンチだね」

これらはすべて、鳥が運んできたもの。ウンチとともに、種が落ちて、そこから芽が出て…。

「住宅地の中に、ポツンと、森がある。いいですね」

「通り道になってますね」

森の中を歩く

「お年寄りなんか、心休まるでしょうね」

「あっ、トカゲ、いた」

三ヶ月に一回、会話のような、そうでないような、Kさんのこんな独り言（?）を耳にしながら、鎌ケ谷市内の自然が感じられるようなところを、こうして、ただなんとなく、歩く。

ときに、「楽しい発見」をすることもあるが、特別な発見なんてなくてもかまわない。ただ、こうして、歩く、それだけでいい。

が、油断大敵。「プーン」ときて、チクリ。痒い。蚊も、多いのだ。

「あっ、カラスアゲハ」

黒いチョウチョがヒラヒラと優雅に飛んでいる。自転車を押して、森の中の道を行くおじいさん。

「あっ、トンボだ」

赤トンボが、小枝の先っぽに止まった。

「これ、面白いですよ」

と、Kさん、何やら、また面白いものを発見したようだ。木陰に、ミミズがいた。

「ミミズを追っかけて、食おうとしてるんですよ」

「あっ、食った。食ってますよ」

甲虫が、ミミズをガブリと、食べていく。これも、自然の生物世界の中ではごく自然なこと、なのだ。

「下がフカフカですよ」

舗装道路と違って、歩くと、グッ、グッ、ときて、足に優しいクッションのよう。

「これ、木くずを細かく砕いたものを敷いてますね」

「じゃあ、市でまいたのかな」

パチン。ノートを持つ手の甲に、黒い蚊。

「私も両腕、メタメタです」

と、半そで姿のKさん。木陰にカラスアゲハが何匹も。

「あっ、来てくださいよ。今度三匹でミミズ食べてますよ」

一匹のミミズを、三匹の甲虫が食べている。

「コトコトコト、コトコトコト」

風に揺れて、上の方の木の枝が擦れる音がする。

「このササ、笛になるんですよね。ちょっと音を聞かせましょう」

と言って、Kさん、ササを口へ。が、何度やっても、昔のようには、音がでない。諦めて、森の中を歩く。

「赤トンボがいますよ。麦わらトンボもいました。オオシオカラトンボのメスもいました」

通り抜けの道として、自然たっぷりなこの森の中を歩いていく人がけっこういる。

「音がします。あっ、上の方にいました。コゲラです。いわゆるキツツキの仲間です」

Kさんの、この観察力には脱帽である。蛾の羽がクモの糸にひっかかって、風に揺れている。

小さなトカゲの、紫色の尾っぽ。木漏れ日が作る、光の芸術。どれも、きれいだ。

（二〇〇七年秋　第八三号）

東道野辺ふれあいの森

「こんな記事が新聞に載っていました。タヌキが出てきたんです」

会うなりKさん、そう言いながら、タヌキが写っている新聞の切り抜きを見せてくれた。

「しかし、この森、浅いんですよ。どこにタヌキがいるんですかね」

タヌキのことがかなり気になっているご様子の、Kさん。では、と、その気持ちを汲んで、今回は、タヌキが現れたという《東道野辺ふれあいの森》を歩くことに。

年が明けてから寒波到来、今年の一月は、中旬以降、本来の真冬の寒さの日が続いた。一月下旬の、寒い、しかも、どんよりとした雲が低く漂った日に、鎌ケ谷の自然の中を歩いたのだが、気分の方はいたって明るく…。

《東道野辺ふれあいの森》は、道野辺小学校に隣接する手通公園のそばにある。

「あっ、ハト」

二〇羽ほどのハトが群れになって、頻繁に頭を上下に動かしながら、森の大地が与えてくれた餌をついばんでいる。

「タヌキですよね。タヌキのいそうなところは…」

そう言って、森の中を歩きながらKさんが発見したものは、空き缶などのゴミ。それを拾って、すぐそばにあったゴミ箱の中へ、ポイ。

「ここにゴミ箱があるんですよ。ルール守ってほしいな〜」

と、若干、あきれ顔で言い、

「でも、タヌキいないですね」

と、残念そうに。こちらの都合で、勝手に昼間にやってきて、すぐにタヌキにお目にかかれる、なんて、そんな虫の良い話はないというもの。

森の中を歩きながら、ゴミを拾う

しかし、ここでめげないのがKさん。すぐにお得意の植物観察にチャンネルを切り替えた。

「この木、ケヤキですね。細いけど。これは、シロダモってやつですね。シロダモって言うけど、実は赤いんですよ」

そう言いながら、小型の図鑑を開いて、赤い実を確認。土の上に厚く積み重なった落ち葉の上を歩くのは、なんとも気持ちがいい。

「アオキがあって、ヤツデがあって、ヒイラギもありますね」

どれも、鳥が運んできたものだ。赤い実を食べた鳥が、木の上でウンチをして、種を落とし、その種から芽が出て…。森の奥の方が低くなっている。周辺の民家との境界線に沿って、ぐるりと、歩く。

「見っけです」

先を歩くKさんが、うれしそうに。見つけたものは、梅の花。蕾がふくらんで、ポッ、と一つ二つ開き始めたかな〜、という程度でも、大喜び。

「これ、ハランです。生花や日本料理に使います」

サクサクサク。二人の足音、それに、時折、カラスの鳴き声。

「匂いますね」

匂いといっても、タヌキの匂いではなく、水仙の花の香り。Kさんは嗅覚も優れているのである。

このベンチを活用して体を動かしてみる

森の中ほどに、ベンチが三つ。足を引っ掛けて、上半身を上下に動かし、腹筋を鍛えるためのものが二つ。それに、背筋を伸ばすためのものが一つ。散歩の途中、ベンチで一休み。ついでに、このベンチを活用して、ちょっと体を動かしてみる。
「せっかくあるんだから、きれいにしておけばいいのにね」
そうすれば、利用頻度も増え、健康にもいい、ということに。タヌキにはお目にかかれなかったが、新聞に載ったローカル記事が切っ掛けとなって、《東道野辺ふれあいの森》を歩くことになった。

「久しぶりに、手通公園もちょっと歩いてみますか」

林の中を抜けて、下ったところに、広い空間。トイレも一つ。サザンカの花が咲き、ツグミ、キジバトなど鳥の姿も。

「さっき、ホオジロもいました」

「だいぶ整備されましたね。前来たときは、こんなに整備されてなかったですよ。いい公園になりましたね」

そんな会話が、ごく自然に。

《さえずりの門》

「こりゃ、いい公園になったわ〜」

と、Kさん、気分よさそうに。帰りがけに通った道野辺小学校の裏門に、《さえずりの門》と書いてあった。これも、いい。


（二〇〇八年春　第八五号）

八幡春日神社の大木に咲く、ヤブツバキの花

一月下旬の花の少ないこの時期に、ヤブツバキは鮮やかな赤い花を咲かせている。

「ヤブツバキは、いろんなツバキの品種の元になってるんです。学名はカメリアジャポニカっていうんですよね」

ということは、原産地は日本、ということ、か。《今日は、ヤブツバキで攻めるゾ〜》会った瞬間から、Kさんのそんな意気込みが感じられた。

「ぐるっと、回って行きましょう」

そう言いながら、最初に向かったところは、海上自衛隊下総航空基地に沿った道。基地を取り囲む塀の外側には桜並木が続き、花の時期には、花見を楽しむ市民にとっての人気スポットになっている。だが、この時期…、はてな（?）と思っていると、

「内側にサザンカがずっと続いているんですよね。一ヶ月前には、もっと、すごかったですね」

と、Kさん。確かに、塀の内側には、赤い花の咲いた木が続いていた。

ぐるっと回って、北部小や粟野保育園のそばを通ると、

ヤブツバキの花が落ちている

「懐かしいですね」

「ここに、湧き水がありましたね」

「歩きましたね」

こんな、ちょっと年寄りじみた会話が続く。この連載を始めてから、二〇数年経った。ＡＫコンビもそれなりに、年をとった、ということか…。

「ヤブツバキの大木があるんですよ。そこへ行きましょう」

とＫさん。この日の目的地、中沢の八幡春日神社へ。車を降りて歩き始めると、道路端に、真っ赤なヤブツバキの花がいくつも落ちている。ヤブツバキは、おしべが花びらとくっついている。そのため、サザンカは花びらがバラバラになって落ちるが、ヤブツバキは花がそのまま、ポトッと、落ちる。したがって、落ちた花を見ると、ヤブツバキかサザンカか、分かる。これ、Ｋさんの、受け売り。

「首が落ちるから、侍が嫌ったんですよね」

とも。

鳥居の脇に、馬頭観音があった。キクやカーネーション、花が活けてある。その後ろに立っている卒

こんもりした森の中を歩く

塔婆に、「中沢にまつわる農耕馬、愛馬の霊位…」と、書いてある。

中沢自治会館の前に立って、赤い花が落ちているところの、上の方を見上げると、大きなヤブツバキの木に赤い花が咲いているのがわかる。参道の説明板に、

「注目すべき木として、暖帯林特有のヤブツバキが亜高木として森を被い、花は一二月頃から…」と書いてある。

「ピーツ、ピーツ、ピーツ」と、鳥の声。

「ヒヨドリが蜜を吸いに来るんですよ」

境内を歩いていると、

「ツーツーツー」

「ちがう鳥も来てるな」

こんもりとした森の中を歩く。

「今、鎌ケ谷にこれだけ太い木が何本も生えているところ、あまりないですよね」

カサカサカサ。積み重なった落ち葉の上を歩く。ほんのちょっと、道からそれて、森の中に入っただけで、こんなにも気持ちがいいものか、と改めて、実感する。

「あっ、ハート」

と、Kさん。枝の途中にこぶができている。その形が、見方によっては、ハートの形にも見える。体に似合わず、繊細な感覚で辺りを観察しているのだ。お参りにやってくる人もいる。

「あそこ、葉っぱと枝が動いているでしょう」

Kさんの指差す方向を見ると、枝がかすかに揺れていた。

「ヤブツバキの蜜を吸ってるんですよ」

しばらく揺れていた枝の動きが止まった。そう思った瞬間、ヒヨドリが飛んでいった。


（二〇〇九年春　第八九号）

九〇回目、東中沢四丁目ふれあいの森へ

今回で、このコーナーも、九〇回目。

まち歩きを楽しみながら、三ヶ月に一度、鎌ケ谷市内の自然について、ちょっとしたことを書いてきた。

毎回毎回身近な旅の中にも、新鮮な発見があるものである。以前、月刊『アジア倶楽部』に、「秋山秀一のアジアを歩く」を連載していた。残念ながら、六八回目まで書いたところで、雑誌が休刊になってしまった。今、月刊『文芸広場』にヨーロッパについて、「旅で出合ったもの」を連載中で、これは、八〇回を超えた。ありがたいことである。

同じように月に一度、ということでいえば、今、NHKラジオ第1放送「金曜旅倶楽部」の中の〈旅に出ようよ〉というコーナーに、毎月第一金曜日、プレゼンターとして、レギュラー出演している。放送は、午後三時三〇分から五〇分までの生放送（その後、延長された）。柿沼郭アナウンサー、石山智恵キャスターとの三人での、旅のトーク番組である。これは、今まで関わってきたほかの番組とはかなり趣がちがっている。この番組には放送作家というのが、いないのだ。

カメラと取材ノート、それに録音機を持って、現地に一人で出かけ、まちを歩き、取材し、インタビューをして、写真を撮り、音を録音。戻ってから、提案書を書き、番組の進行表まで、プレゼンターであるぼく本人が作成するのである。旅をする場所まで、こちらが決めるのだ。途中、ディレクターとのやり取りはメールで何度か行われるが、柿沼さんと石山さんとの打ち合わせは無し。まさに、ぶっつけ本番、日本全国生放送なのである。

参考までに二〇〇九年四月からの放送内容を紹介すると、四月三日は「安らぎの城下町を歩く」～岡山県高梁市。五月一日は「寅さんのふるさとを歩く」～東京都葛飾・柴又。六月五日は「SLと洋館、心和む町を歩く」～栃木県茂木町。七月三日は「栗と北斎、せせらぎの道を歩く」～長野県小布施町。八月七日は「蔵のまちを歩く」～茨城県結城市。九月四日は、石川県小松市について話し、今後は、一〇月が静岡県下田市、一一月が山形県川西町について話す予定である。

タイトルから分かるように、どれも、「…を歩く」ということになっている。番組の方は対象が日本国内各地、ということだけで、この「鎌ケ谷の自然を訪ねて」というのと、基本的なスタンスは、同じようなものである。

お時間が合いましたら、毎月第一金曜日、NHKラジオ第1放送午後三時半のニュースの後、スイッチをオンに…。

前置きが長くなったが、九〇回目ということで、ぼくの旅にまつわる近況報告のようなものをさせていただいた。今回Kさんとまず向かった先は、以前歩いたことのある、東中沢ふれあい緑道。

「途中まではいいんですけど、その先が荒れ放題で…。この前来たときに比べると、ちょっと寂しい気がしますね。散歩道には使っているようだけど、管理がね」

と、嘆くKさん。でも、嘆いているばかりではない。

「いいとこあるんですよ」

そう言って、Kさんが向かった先は、東中沢四丁目ふれあいの森。看板、柵、ベンチ…、いやいや、遊戯や公園内に点在する芸術作品の数々（?）も、どれも、みんな、見るからに、手作りそのものなのだ。ちょっとした遊び心があって、とぼけたところがあって、でも、よく見ると、一つひとつ、よくできている。もちろん、しっかりしている。驚いたね〜。知らなかった。こんな公園があったんだ。

ダルマストーブや壺なども置いてある。これは、見てもらうためのもの。

「これは、年寄りの仕事ですね。いい公園でしょう」

木に登り、ぶら下がり、飛び降りる。

〈落葉再生コーナー〉のそばの木製遊戯で男の子が二人、遊んでいる。これまた、頑丈にできている。子どもたちも、元気がいい。

「ベンチ、木造なんで、三年か四年で、作り替えて…、ペンキも自分たちでやってます。自治会のOBで、二〇人ぐらいいますから」

「アジサイ祭りとか、落ち葉祭りとか、今年は、アユの摑み取りもやりました」

「生きたポニーとかサラブレッドのおとなしいのをつれてきて、子どもたちに乗ってもらったり……」

これら、資金はすべて、寄付金だという。市からの援助は当てにしていない。活動も、有志のボランティア。たいしたもんである。この空間は、イベント広場であり、昔どこにでもあった原っぱでもある。

「毎日、三〇人ぐらいは来てますね」

というのも、いい。

「こんなに生かされている広場って、あまりないですよね」

と、えらく感心して、Kさん。

「いろいろ言われてもめげないですね。それに、負けちゃダメなんですね。クソ爺にならないとダメなんです」


（二〇〇九年秋　第九一号）

Kさんと共に、鎌ケ谷の自然を訪ねて…、二〇数年

「鎌ケ谷の自然を訪ねて」は、前回で九〇回目。第一回目から二〇数年に渡って、ず〜っと、Kさんと一緒に鎌ケ谷市内を歩いてきた。

鎌ケ谷市内を歩きながら、お互いになんやかんやと勝手なことを言い合い、写真を撮り、メモをとった。

鎌ケ谷のまち歩きを体験する中で、感動することもあれば、ときに、思わぬ発見があったり、アイデアが浮かんでくることもあった。いつも、楽しんでまちを歩き、このコーナーの原稿を書いてきた。

Kさんにとっては、ときには、しんどいこともあったかもしれないが、少なくとも、このぼくにとっては、実に楽しいこの二〇数年間だった。

市公民館講座の受講生を中心に一〇人ほどの主婦たちが集まって、季刊タウン誌が創刊され、二三年を迎えた。編集員は全員ボランティアである。足で歩き、語らい、まちの出来事を取

材する。『まちづくりは人づくり』の信念のもと、人材発掘や人と人との橋渡し役として、ふるさとを大切にする心の輪が、街いっぱいに広がっていく様願いながら、自然・歴史・文化・生活・人などきめ細かい情報を届けている

前号の三二ページに、こう書いてある。このタウン誌発行のきっかけになった市公民館講座の、いわば仕掛け人が、Kさんだった。

責任感の強いKさんは、それ以来ずっと、このタウン誌と関わり続け、今日に至ったというわけである。おかげさまで、このタウン誌は、二〇年以上にも渡って、鎌ケ谷市民に愛され、読み継がれてきた。すばらしいことだと思う。基本的な姿勢が、創刊当時から、全くぶれていないということもすごいことだと思う。

このタウン誌にKさんと一緒にこの間ずっと関わってくることができたことは、ぼく自身にとっても、大いなる喜びである。Kさんも、二〇数年、齢を重ね、このところ、腰の痛みもひどくなったようだ。いくら責任感の強いKさんでも、もう、そろそろ…。ということで、九〇回という区切りのよいところで、Kさんを解放してやることになった。

Kさん、本当にお疲れさまでした。《茂野製麺》や《私市醸造》がそうであるように、このタウン誌の存在そのものが、今では、もう、「鎌ケ谷の文化である」、といえるようにまでなった。その一翼をKさんが担っていたことはまちがいないと思う。Kさんの存在は、それほど大きかっ

たのだ。

それにしても、二〇年以上に渡って、年に四回、よくも続いたもんである。楽しい時間が経つのは早い、というが、本当にそう思う。今でも、鎌ケ谷市内を散策していると、ときに、Kさんと一緒に歩いたときのことが思い出される。

＊

では、この「鎌ケ谷の自然を訪ねて」はどうなってしまうのか（?）と、心配される人もいるかもしれない…。が、それは、心配御無用。ここで止めてしまったら、Kさんにも申し訳ない。実際、市内には、まだまだ気になるところが、たくさんある。残っていくものも、変わっていくものも、その様を、鎌ケ谷市内の自然を訪ねて歩きながら、そのときの現実の姿を、記録していくことは意義のあることだと思う。

今後は、今回のように一人で書く場合もあれば、鎌ケ谷のほかの「K」さんの話を伺いながら、書くことも…。実は、一緒に歩いて話を伺いたい人、そんな魅力ある「K」さんが、鎌ケ谷にはまだまだ、いろいろといるのだ。

まあ、今回は、Kさんについて、まるで、追悼文（?）のような感じになってしまったが、存在感のあるKさんのこと、まだまだ引っ込んで、隠居してしまうわけではない。

「今、やりたいことがあって…」

そう言っていたKさんの気持ちも尊重し、感謝の気持ちと、Kさんの今後のご活躍を祈念して、今回は「K」さん特集ということに…。

＊

最後に、私事ではあるが、東京成徳大学人文学部に観光文化学科が二〇一〇年四月、発足することになり、その学科長に就任することになった。「フィールドワーク」を重視し、社会人基礎力と多文化理解に基づく観光デザイン力とを備えた、観光のみならず社会の広い分野で活躍する人材を育てていくつもりで、「観光まちづくり」も大きな柱のひとつ。このタウン誌との関わりも、大いにある。大学は同じ千葉県内の八千代市にある。学科長として旗振りをすることになったが、今後、鎌ケ谷市を始め、県内の様ざまな行政やそこに暮らす人たちと連携していきたいと考えている。存在感のある、皆さんに親しまれる大学にしていきたい、そう思っている。

（二〇〇九年冬　第九二号）

市役所の屋上から鎌ケ谷を眺めると…

「市役所の屋上から、東京スカイツリーが見えるんですよ。ずいぶん大きくなってきましたね」

鎌ケ谷市の某審議会に出席するため市役所に行ったとき、企画総務部長のKさんがそう言った。こうなると、もう、だめだ。そんな話を聞いてしまったら、そのままにしておくわけにはいかないのである。自分の目で見るまでは…。

というわけで、久しぶりに市役所の屋上に上ってみた、というわけである。どうせなら、一人より二人、二人より三人で…。

ちなみに、市役所の屋上には、誰でも上ることができる。何といっても、二〇年以上も続いている、この由緒ある『Ｃｉｔｙかまがや』。しかも、ちょっとスタイルを変えての《鎌ケ谷の自然を訪ねて》の、今回は実質的な最初の回ということになる。気合も入るのである。どうせなら、見晴らしの良いときがいい、ということで、日を選び、時間を調整して、一月下旬のある日の午前九時過ぎ、冷たい風の吹く、屋上へ。

磁石、それも、廉価品のものではなく、敬意をはらって、スウェーデン製の精度のよい磁石をもって。

「東京スカイツリー、朝は見えたんですけど、だんだん見えなくなってしまいましたね」

しかし、この日は、あいにくと、この時期にしては珍しいぐらいに、空一面、どんよりと、雲が覆っていた。でも、これも、自然相手ではしかたのないこと、と素直に受け入れ、めげずに、まずは東の方向を見る。眼下を走る道路を、車が行きかう。

「船橋・我孫子線ですね」

「国道と兼ねているんですよね」

市役所の東側を走るこの道は、鎌ケ谷消防署前交差点から初富交差点まで、国道四六四号線でもある。一部国道を兼ねた県道なのだ。

「あれ、な〜に」

五羽の大きな鳥が空高く飛んでいく。

「あれ、白鳥ですよ。印旛沼にも、本埜の休耕田にも、手賀沼にも白鳥がいるんです」

左手、北の方へ目を向けていくと、粟野、佐津間、軽井沢…と、こんもりとした森が見える。

その中を、北総鉄道の高架橋を電車が走っていく。子どもたちの元気な声が聞こえる。

「あの幼稚園、東武鉄道の連立事業でここに移転したんですよね」

ピンクの壁に緑の屋根のかまがや幼稚園。

「見えますもんね。子どもたちが半そでで元気に走り回っているのが」

と、Kさん。このくらい元気なのがいい。なんといっても、鎌ケ谷の未来はこの子たちに懸かっているのだから…。

「高架橋って意外と高いんですね。手前のビルの三階の屋上ぐらいまでありますね。そのうち新京成が下を走っているのが見られなくなりますね」

屋上の北側へ、移動。

「ここは、様変わりですね。一面の梨畑でしたもんね」

「雲がなければ、こっちに筑波山が見えて、日光連山、那須が見えて、左手の方に秩父と丹沢が見えるんですよね」

「イオンができて、六年になりますね」

「東横インは鎌ケ谷市内のホテル第一号。ここは飛行場があるから、これくらいが最高の高さなんですよね。もともと地盤が三〇mぐらいあるから、四五mぐらいのビルしか建てられないんですよ」

「東西南北の分水嶺が消防署辺りなんですよね。鎌ケ谷は北総台地の峰で、温暖化で海水が二〇m上がると、この辺で残っているのは鎌ケ谷だけなんですよね」

東横イン、マンション、総合病院…、屋上から見るこのまちの風景も、大きく変わりつつある。下を見ると、小さな公園に、白いタイルが…。あれ〜、よく見ると、手前がニュージーランドの地図で、その向こうにあるのは千葉の地図の形をしている。鎌ケ谷の位置、それに、姉妹都市ワカタネの位置も示されている。傾斜地を利用したこの小公園、何度も歩いたことがあったが、気づかなかった。今回、屋上に上って、初めて気づいた。

磁石で確認すると、この地図、方向も正しく描かれている。

移動して、南西方向の展望を楽しむ。この方向には高いビルがほとんどなく、遠方まで見晴らしが良い。遠くの方に、薄く、高さ約三〇〇mの、建設中の東京スカイツリーが確認できる。

「かなり薄くなりましたね。今朝はかなりはっきり見えたんですが…」

さらに左へ移動していくと、幕張メッセのビル群。

「本当に天気がいいと、あのビルの奥に房総の山々まで見えるんですよね」

「富士山は?」

「こっちの方向ですね。一〇月の終わり頃になると、富士山が見えるんですよね。一二月はほとんど毎日見えます。夕方が一番きれいですね」

そう、Kさんが、しみじみと言った。


（二〇一〇年春　第九三号）

軽井沢、市境の道を歩く

「もう、なくなっちゃうのかと思って、残念に思っていたのですが、そうではなくて、良かったです」

ある人に、そう、言われてしまった。このコーナーをずっと読んでくれていて、しかも、「なくなってしまうのではないか」と、残念に思ってくれた、なんて、ご心配をおかけしてしまったことについては申し訳ないとは思うものの、何となく、嬉しいですね〜。

が、心配は無用です。

「Kさんと一緒に歩いて」というのは、とりあえず卒業しましたが…、二〇年以上にわたって鎌ケ谷市内を歩いて書いてきた『Ｃｉｔｙかまがや』のこのコーナー、そんな簡単に、止めてしまうなんてことは、できません。このタウン情報誌が続く限り、まだまだ続けていくつもりです。今後も、今まで同様、ご愛読、よろしくお願いいたします。

これからは、いろいろな人に登場願って、一緒に市内を歩いていただき、鎌ケ谷の自然について、書いていきたい、そう思っています。年に四回のこの鎌ケ谷の「まち歩き」、これは、ぼくにとっても、楽しみ以上に大きな意味のあることなのだから…。

*

今回の出発地点は、新鎌ケ谷駅。白井との市境まで、道沿いに残る自然を訪ねて歩くことに…。鎌ケ谷の植物や鳥など自然全般について、それも、戦後から現在に至るまで、本当に良く知っているFさんに一緒に歩いていただいた。

前回も登場した国道四六四号線を歩く。

「昔は船取線って言ってましたが…」

そう、ぼくなんか、今でも、その方がピンとくる。

精工舎通り、とか、ユニオン通り、とか、通りの名を聞いただけで、その通りのイメージが浮かんでくる。そんな通りが鎌ケ谷にもあった。数字を並べただけの通りの名前では、こうはいかない。

しかし、国道一号線が東海道や、二四六号線が青山通り、といったように、数字を聞いただけでも何となくその通りのイメージが浮かぶものもあるのだから、鎌ケ谷の通りも、使われているうちに、きっと…。

「この硝子屋さん、昔精工舎通りの、入ってすぐ右手にあったんですよね」

鎌ケ谷消防署の前で、右折。

真直ぐ延びた、広い道を歩く。

「昔は、軽井沢に入ると、道を曲ると、ヒヤッとしたんです」

昔の道は、坂があって、曲がりくねっていた。真直ぐになって、車が頻繁に行きかう道にも、そんな歴史がある。

五月の初め、通りの右手、市制記念公園の八重桜はまだ花が咲いている。通りの左手、先の方に栗野の森が広がっている。その手前、低くなったところに、梨畑がある。

「なかなか梨畑を上から見るなんてできないですよね」

なんて、言いながら、その畑を上から見下ろすように、眺める。

まだ白い花がほんの少し残っている。

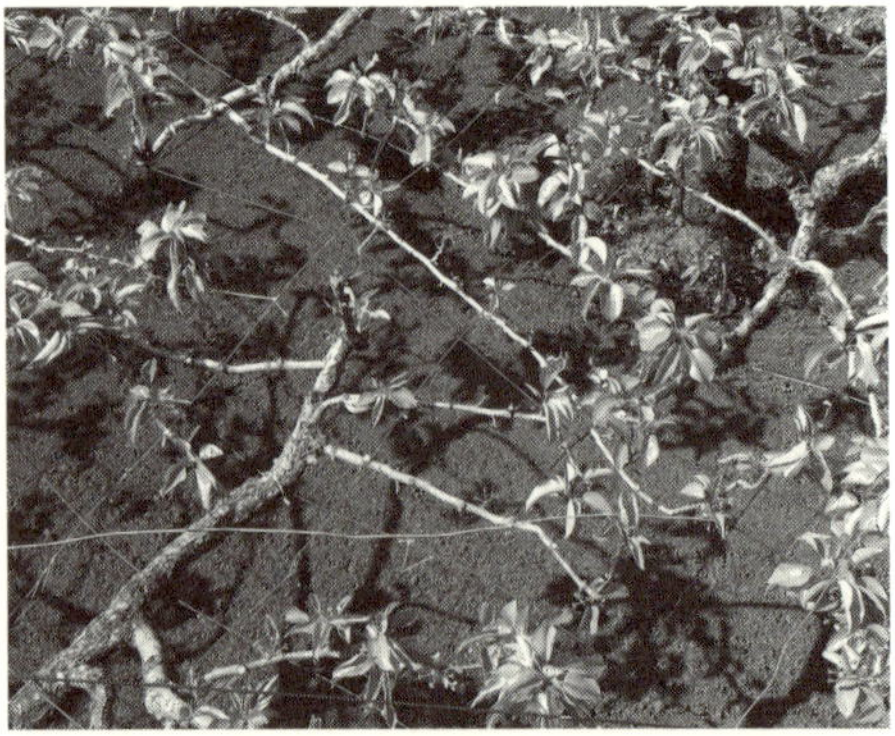
梨の花がほんの少し残っている

きれいに剪定してある。上から見ると、それが、よく分かる。これも、鎌ケ谷の、ぼくの好きな風景の一つ。

「剪定が大変らしいですね」

新緑のこの時期、木が、それぞれに、微妙な色のちがいを表現している。そんな栗野の森の横を歩く。

「森の横の道を夜歩いたことあるんですけど、昔は、クツワムシが沢山いたんです」

と、Fさん。

道端に薄いピンクの花が咲いている。

「ヒメジョオンは淡いピンクの蕾が下を向いていて、ハルジオンはもう少し遅れて咲き、新芽が食べられるんです。ちょっと似ているけど…」

道端に群生するヒメオドリコソウを見て、四六四号線を外れ、八幡神社方面に向かい安田学園のグラウンドの横を通って、軽井沢の八幡神社へ。

「コブシの実、ゲンコツに似てるんです。すごいグロテスクな実なんですけど、春一番に咲く花なんです」

道端の石碑の下に、三猿が…

お堂があるからその名がついたという堂の下商店（どうしたさん）、それに、給食センターの前を通って、軽井沢の昔ながらの道を歩く。

道端の石碑を見ると、下のほうに、見ざる、言わざる、聞かざる、三猿の像が彫られている。

「この辺、山栗たくさんあったんですけど、だいぶ少なくなりました」

「アケビって、花が可愛いんですよ。今丁度花の季節ですね。あれは、葉っぱが五枚、普通のアケビです。三つ葉アケビはツルが太いんです。つる細工の材料になります」

桜の花が終わった後に、ニワトコの木の、白い花。

夜中の一二時に、「ホーホー」と、フクロウの鳴き声を聞くこともあ

真下を向いて、ポポの花が咲く

るとのこと。が、聞こえてきたのは、マウンテンバイクの音。

「下向いて咲くんですよ」

というポポの木を見上げると、確かに、真下を向いて、黒赤い花が…。

「軽井沢には、防空壕が二つあったんです。今でも一つ、残ってるんですよ」

そう言われ、一つ残っているという防空壕を見るために、その先へ、市境の道を歩いていく。

「あれが防空壕なんです。今、入り口は入れないようになっています。子どもの時は中に入って遊んだことがあります」

（二〇一〇年夏　第九四号）

「新鎌ケ谷えきフェスタ」の日に

鎌ケ谷の自然を訪ねて、ほぼ四半世紀、市内のいろいろなところを歩いてきた。以前このコーナーで取り上げた場所に行ってみると、一〇年以上も経っているのに、昔の姿をそのまま残しているところもあれば、数年しか経っていないのに、すっかり様変わりしてしまったところもある。

そこが昔はどんな姿をしていたのか、そんなことを知りたい、なんてとき、このタウン誌のバックナンバーを開くと、役に立つこともある。

時代とともに、「まち」は変わっていく。そんなことは分かっている。でも、場所によっては、変わってほしくないな〜、なんて思ったりもする。

鎌ケ谷は、これからどんなふうに変わっていくのだろうか？ 二〇一〇年七月一七日の朝、新鎌ケ谷駅南口交通広場に立ったとき、そんなことを考えた。

新鎌ケ谷駅周辺、ここは、大きく変わったところだ。

七月一七日の土曜日は、成田スカイアクセスの開業日。この日、アクセス特急が停車する新鎌ケ谷駅の南口交通広場で、午前一〇時から午後三時まで、《新鎌ケ谷えきフェスタ》が、開催された。

そこに、「東京成徳大学人文学部観光文化学科企画コーナー」のブースもあった。この日の主役は、観光文化学科一年の学生たち。

テント内のボードには、学生たちが考えた、新しい旅の提案「新鎌ケ谷駅発一泊二日の旅」が掲示され、会場を訪れた人たちに人気投票をしてもらった。また、フィールドワークで出かけた鎌倉についての報告書や学生たちが撮った写真も展示された。

イベントのオープニングは、市職員Tさんの挨拶の後、消防音楽隊の鎌ケ谷ファイアーフレンズによるミニコンサート。

石炭で動くミニSLが走り、鉄道四社によるオリジナルグッズ、地元農家の野菜即売、鎌ケ谷ブランドのふるさと産品即売…と、会場には楽しいイベントがいっぱいだった。

また、特設ステージでは、元NHKチーフアナウンサーの秋山隆さんとこのぼくとのトークショーも行われた。

秋山隆さんは毎週日曜日の昼間、NHKラジオ第1放送「サンデージョッキー」というラジオ番組の司会を一〇年以上も務めた。そんなこともあって、始まる前の一〇分ほどの打ち合わせで、「今日は土曜日なので、オープニングは、『サタデージョッキー』ということでいきましょう」ということになった。

全体の構成は、毎月第一金曜日にぼくがレギュラー出演しているＮＨＫラジオ第１放送「金曜旅倶楽部」〈旅に出ようよ〉ののりでいくことに…。

二人のレギュラー番組の雰囲気をそのまま会場に持ち込んで、あとは、話の流れるままに任せて、話を進めていった。

「今日はスタジオから飛び出して、ここ鎌ケ谷から生放送を…」

いつものように、今日も三つのテーマを…。

「その一は、『市役所の屋上に上ると…』、その二は、『日本でここだけ、大仏という名のつく駅

観光文化学科企画コーナーのブース

鎌ケ谷ファイアーフレンズによるミニコンサート

石炭で動くミニＳＬも走った

がある』、その三は…」

こんな感じで、あっという間の一時間、秋山コンビのトークショーは行われたが、終わってみれば、一番楽しんだのは本人たちだった。

さすが、秋山隆さん。それに、番組には欠かすことのできないアシスタント役を務めた市職員のOさんも、みごとだった。

鎌ケ谷は北総台地の「尾根」にある。市役所の屋上から鎌ケ谷の自然を意識して眺めると、里山の緑のほかに、富士山が見え、筑波山が見え、夕焼けが本当に美しい、そんな話もした。

今、市役所屋上を舞台にして、鎌ケ谷の自然をみんなでたっぷり楽しもうという、あるイベントを考えている。お楽しみに…。

（二〇一〇年秋　第九五号）

富士山が見えると、何かいいことがあるような…

「今、日本テレビに鎌ケ谷が出ていますよ」

昨年の七月一七日に開かれたスカイアクセス開業イベント《新鎌ケ谷えきフェスタ》で一緒にトークショーを行った秋山隆さんから、こんな電話をいただいた。一月中旬のことである。

その後、連日、鎌ケ谷スタジアムがテレビに映し出されることになったが、それも、一月三〇日までのこと。まあ、何につけ、地元鎌ケ谷がいろいろなメディアに取り上げられた、ということは、悪いことではないと思う。

秋山さんとのあの時のトークショーで、市役所屋上からの眺めのことを話題にしたのも、いろいろな人に鎌ケ谷を知ってもらうために何かアピールするものはないかと考え、そのいわばリードみたいなものとして、「市役所の屋上からの眺めを、もっと楽しもう」そんな機運が少しでも高まればいいなと思ったからだ。

で、ここで、再度、市役所屋上からの眺めをチェックすることに。

一年前に比べて、注目度がぐっとアップした鎌ケ谷。市役所の屋上にのぼって、ぐるっと歩き

市役所の屋上から東京スカイツリーを見る

ながら眺めてみると、そこから見る風景のなかで大きく変わったのは、成田スカイアクセスの開業により新型スカイライナーがすぐ近くを走るようになったこと、それに、東京スカイツリーが右隣に見える富士山よりも高く見えるようになったことだ。

テレビの話がでてきたから、というわけではないが、市役所の屋上階でエレベーターを降りたところに、なぜか、テレビを発見。それも、回転式のチャンネルがついたかなり旧式の年代物。

「なんで、ここに?」

同行していた市役所の職員のみなさんと、楽しいテレビ文化論。屋上への出口の扉の所で、年配の女性二人と出会う。

「屋上にあがれるんですか」

「はい」

屋上へ出られるとは知らなかったようだ。これも何かの縁、ってな感じで、屋上で話を聞いた。

「今日は暖かくていいと思って来たんですけど…。昨年はよく見えたんですよ。今年は、あまりよく見えませんね。スカイツリーまで行けないから、ここで満足しなくちゃ…」

「屋上いいでしょう」

「いいですね。知らなかったです」

あいにくこの日は見晴らしがあまり良くなかった。

「また来ますよ」

実は、林丸さんと横山さん、このお二人、今まで何度も、市役所の上層階にのぼったことがあって、喫茶室にもよく来るのだという。

「今まで何度も来ていたけど、初めて屋上にのぼった」

「何回来てもいいですね。富士山なんか見ると、すっきりするもんね。何かいいことがあるような気になるんですよね」

屋上からの眺めを楽しみに…

「今度、また、寒いときに来てみよう。カフェで二時間ぐらいゆっくりします」

パンフレットに載っていた富士山と東京スカイツリーが写った、市役所の職員が撮った写真を見て、是非来たいと思って、二人でやってきたのだという。こういう話を聞くと、こちらも、いいな〜と思う。

と、突然に、林丸さん、ぼくを指さして、

「この人、どっかで見たことあるな〜って思ってたんですけど、そう、写真で、見たことある」

ここで記念写真を撮って、お別れ。その後、Oさん、Sさん、Tさん…との楽しい会話。

「遠景って、向こうの天気なんですよね。こちらが暗くても、向こうが明るいと、富士山がよく見えるんですよ」

ということは、この日のように、こっちがいい天気でも、向こうの天気が悪いと、見えない、ということになる。

「いい天気だからって、見えるわけではないんですよ」

「何度も屋上にあがって、わかっているんですけどね」

この日もまた、富士山ははっきりとは見えなかった。でも、市役所の屋上、いいんだよな〜。また、来ようっと。

「玄関入り口に『今日は富士山がよく見えます』なんて案内板出したら…」

と、Sさん。これ、いい案だ。


（二〇一一年春　第九七号）

栗野の森を歩く…

以前Kさんと歩いたことのある栗野の森を、栗野の森を守った貢献者、《鎌ケ谷栗野の森の会》の小出達雄さんご夫妻と一緒に歩くことに…。

小出ご夫妻とともに

「秋山さんね、この川がきれいになってくれればね」

森へ向かう途中、大津川の水を見て、小出さん、そう言いながら、

「自然の水が、横からポコポコ出てきている所ありますから…。カワセミがよく飛びますよ。ということは、何かいると思うんですよ」

森が、川や海を育てることはよく知られている。大津川に清流が戻ってくるためにも、栗野の森の存在が大きいのだ。森に沿った道を歩きながら、

「この木の上に、一昨年、オオタカの巣があったんです」

ウグイスのさえずり、イヌシデの花を見て、子どもたちとのタンポポの長さ比べの楽しい話などを聞きながら、栗野の森に入る前に、「絞り

水」を見ようと、再び大津川の辺に出た。

「ここはもと、サトイモ畑だったんです」

丸太の腰かけがあり、ちょっとした広場になっている。ここで、子どもたちとの楽しい自然体験を、何度も行ってきたとのこと。いい話だ。小出さんの話なら、子どもたちの心にも、スーッと、入っていったにちがいない。

「あっ、オオタカです」

小出さんの声につられて、見上げると、確かに、腹が白い。オオタカである。空高く、オオタカが一羽、舞っているのを見た。

「おとうさん、出てました。量はそんなに多くないですけど、絞り水が出てました」

カルガモが二羽、水路の数一〇m下流側に。

「ここんところも、カワセミがスーっと、行くんですけど…」

こんな風にして、鎌ケ谷に残る自然観察を楽しみながら、いよいよ、栗野の森、柵の中へ…。

「サクサク」落ち葉を踏みしめながら、歩く。スミレの花が咲いている。

「オオタカが警戒音出してます」

小出さんには分かるのだ。ちょっとした広場に出る。

栗野の森を歩く

「ここには、大型ゴミがうず高く捨てられていたんです」

今でも、そこを掘ると、ガラスが出てくる。ハトの羽根を発見。手にして、

「ハトがおそわれた時、タカはきれいにスーと、羽を抜くんだそうです。ネコなんかが食べると、ギザギザになるんだそうで」

「シロダモは裏が白くて、アオキは葉がギザギザしています。シロダモの新しい葉っぱはビロードみたいできれいですね」

栗野の森には、自然がいっぱい。春・夏・秋・冬、季節ごとに、楽しい話が、いくらでもあるのだ。四月中旬、春本番。ウグイスカグラの小さい花、ハナイカダのつぼみ…。真っ直ぐ植わった杉が、何ヶ所かにある。

「同じ樹種が真っ直ぐ植わっている所があります。今、一つの森になっていますが、昔は別の所有者の森で、境界になっていた所です」

「カサカサカサ」引き続き、森の中を、歩く。

「あれ、オオタカの巣です」

言われた方向を見る。あった。柵の向こうの、杉の木の上の方に、オオタカの巣だ。このところ、いろいろとストレスが溜まって、なんとなくすっきりしない気分だったが、栗野の森を歩いていると、もやもやっとしたものが、スーッと、抜けていくような、そんな不思議な感じに…。

オオタカの巣を発見

足元の葉っぱに、かじられた痕。

「ノウサギがかじった痕ですね。ノウサギは穴を掘らないんです。ちょっとした窪地で子どもを育てるので、ノウサギにはこのくらいのブッシュが必要なんです。下草をすべて刈っちゃうと、ノウサギは困るんです」

下草がきれいに刈られている所があった。

「ここは、ゴミ対策で毎年下草を刈るんです。きれいにしておくんです。ここも、以前はゴミがすごかったんです」

薪に利用されていた名残

山桜の花が高いところに咲いている。二又、三又に分かれて太く育ったコナラの木は、以前、薪に使われていた名残。
「薪にするために切って、そこから三つに分かれて大きく育った」
「春はいいですね。蚊もハチもいないし、クモの巣もないから」
確かに。粟野の森、そして、小出夫妻の話。今日は、なんとも得したような気分で…、いい日、だった。粟野の森、それは、まさに、鎌ケ谷の貴重な、誇れる、自然文化そのもの。大事にしなくっちゃや。

（二〇一一年夏　第九八号）

鎌ケ谷高校の周辺を歩く

この季刊タウン情報誌『Ｃｉｔｙかまがや』も、今年で二五周年を迎え、次号で、一〇〇号となる。その間、ずっと、年に四回、自然を訪ねて、Ｋさんはじめ、いろいろな人たちと鎌ケ谷を歩いてきた。「次回は、誰と、どこを歩こうかな〜」そんなことを考えるのも、年に四回の、ちょっとした楽しみになっている。

鎌ケ谷高校はクラブ活動も盛んだ

いろいろな出会いの中から、今回は、鎌ケ谷高校の周辺を歩こう、ということになった。一緒に歩くのは、鎌ケ谷高校料理研究部の一年生四人と、顧問のＩ先生。鎌ケ谷高校は写真部など、クラブ活動も盛んで、全国大会への出場や優勝等、輝かしい歴史をもっている。その中にあって、料理研究部の実績も見事なもの。

以前、この『Ｃｉｔｙかまがや』でも大きくとりあげられたことがあるので、ご存知の方も多いのでは…。

七月末、暑い夏の日の午後、鎌ケ谷高校にＩ先生を訪ねた。家庭科室は、工事中。さっそく校庭に出た。

今回のテーマは、当初、「鎌ケ谷高校周辺の食べられる野草を探して」というものだった。が、季節がら、まあ、あまり固く考えずに…、ということで、鎌ケ谷高校周辺の食べられる植物を求めて、四人の一年生と一緒に、歩き始めることに…。

何といっても、これからの鎌ケ谷の将来は、若者にかかっている。この『Ｃｉｔｙかまがや』に鎌ケ谷高校の生徒さんたちに登場していただく、ということは大いに意義のあることなのである。

「学校に来るところの交差点の周りが新しくなって、大きな榎の木がまるで鎌高の守り神のように大切に残されているんです。学校の中に栗の木があって秋になると食べられるんです。あっ、そうそう、一年生は栗拾いしたことないよね」

と、I先生が言うと、

「はい」

と、答える、生徒たち。

「秋になると、いっぱい採れて、おいしいの。鎌高の栗、売っている栗よりおいしいの」

「料理するんですか？」

「栗ご飯つくるの」

栗ご飯と聞いて、食べてみたいな〜、そんな表情の生徒たち。

「あれが栗、なっているでしょう。採るときは、落ちているのを踏んで割るの」

校庭の東側、藪の中に栗の木があって、実がなっている。その先に東武電車の線路。電車が通り過ぎていく音がする。

「モップ持ってきて採ったり、ここ上ったりして…」

と、I先生が一番楽しそうに、いかにして栗の実を採るか、話していた。

「あれ、垂れ下っているのがあるでしょう。あれが葛」

いかにして葛の根っ子からデンプンをとるか、さらに、葛餅やわらび餅の話をしながら、校庭の南側、テニスコートのそばへ歩いていった。そこに、桜の木。

「この大島桜、花は八重で、小さくて、可愛らしいんだよ。ソメイヨシノとはちがうの。これを料理研究部は摘みにきて、花を採って塩漬けにするの。桜湯って、知ってる？　結婚式の朝に飲むの」

I先生の話に聞き入る生徒たち。

「この葉っぱも塩漬けにして、桜餅に使うの」

「桜餅つくるんですか」

「つくります」

野球部の生徒たちが、炎天下、大声を出して、ベースランニングをしていた。

顧問のＩ先生と１年生の部員たち

「料理研究部が野球部のために料理もつくったんです。鎌高の野球部強いんですよ。今年は四回戦までいったんです」

「それって、やっぱり、料理研究部効果ですよ」

そんな会話を楽しみながら、鎌高脇の小川のそばへ。ネコがいた。

「カマネコって言って、生徒たちが可愛がっているんです。あの子は、ニャンキチって名前も付いているんです。一〇歳なんです」

「鎌高のアイドル、ですね」

料理研究部の１年生

門を出て、工事中の妙蓮寺下へ。崖の途中にそびえる大きな榎の木を見上げながら、Ｉ先生がこの木にまつわる話をした。
「みんなどうだった、今日？」
Ｉ先生のこの一言に、生徒一人ひとりが、次のような感想を言った。
「今まで知らなかったこととか、たくさん知れて良かった」（岩井桃音さん）
「鎌高にきて、周りにこういう食べられるものがあること初めて知りました」（萩原明菜さん）
「栗拾い楽しみです」（丸山貴愛さん）
「初めて見る学校の周りの豊かな自然に驚きました。いつか山に入って、葛を採ってみたいと思います」（渋佐睦月さん）

（二〇一一年秋　第九九号）

井戸は湧き出て、ホタルは飛んできた
――中沢地区――

鎌ケ谷に暮らすようになって、三五年以上になる。それでも、もっと長く鎌ケ谷に暮らしている人の話を聞くと、

「へ～、鎌ケ谷って、そんなところだったんだ」

と、初めて知ることがいろいろある。そんな人の話を聞いて、その記憶を記録に残しておきたいとずっと思っていた。こういったことはとても大事なことで、このところ、特に、その辺が気になっていた。

で、今回は、中沢の大野明さん、房子さんご夫妻のお宅を訪ね、お話を伺うことに…。

「うちの山の木を切って、とっといたんだけど、戦時中、建坪制限というのがあって、二〇坪までで、大きい家造れなかったんですよ」

大野さんご夫妻と向かいあって居間のソファーに腰掛け、いろいろなお話を聞いた。

立派な門と中二階のある家、そして、裏山

お二人のバックに見えた天井まで延びる急な階段のことを話題にすると、

「中二階になっていて、一一畳半と八畳の部屋があって、今は納戸になっています」

とのこと。限られたスペースの中で、広く使えるように中二階を活用しているのだ。

「自分の山の木を切るにしても、国の検査官がやって来て、調べたんです。山の木から油を採るんで、自分の山の木でも、勝手に切れなかったんですよ」

戦争中、ガソリンが足りなくて、燃料として山の木から油を採っていたなんて、知らなかったな〜。

大野明さんは八四歳、房子さんは八〇歳。子どものころ、田舎、木更津のお袋の実家に行くと、おばちゃんが喜んでくれて、大歓迎してくれた。テーブルには、せんべいや甘いもの、そして、手作りの祭り寿司などが並べられ、それを見ているだけで、感激して、食べるのに躊躇していると、

「さあ、食べろよ。子どもは遠慮なんかするもんじゃないよ。足りなきゃ、もっとあっからよ」

五〇年も前のことなのに、そう言われたことが、はっきりと記憶に残っている。

今回の取材はFさんと一緒だったこともあって、大野さんの家でも大歓迎された。お話を伺っていると、何とも言えぬ、ホンワカしたいい気分になって、テーブルに並べられたミカンやお菓子を見て、不思議な懐かしさを感じた。

「木を切るのも、今と違って、ノコギリを手で引いて切って…、みんな手作業で切ったんです」

地層がむき出しになった裏山の崖

「これは、何の木なんですか」

と、Fさんが言うと、

「天井はマツの木です。戦争中に材木切っておいて建てたからよくないんです。戦後建ててたら、もっと自由にやれたんですけど…」

というが、そろそろ築七〇年経つ大野さんの家は、しっかりとしていて、びくともしない。

家の裏山のことが気になっていた。水平に幾層も重なった地層が露出して、ほぼ垂直な崖になっているのだ。ちょっと見ると、崩れそうで、そのことを言うと、

「裏の崖、昔からあのまま。地震でも平気。『これ怖くないですか』って言われるけど、大丈夫」

「『山崩れちゃうと…』って、言われるけど、大丈夫ですよ」

と、ニコニコしながら言った。

家の北側にあるこの山が、風よけにもなっている。

「日ハムの宿舎になっているところが、うちの土地でした」

「昔は、蛍いましたね。この辺りにもいて、蚊帳を吊ってると、夜、蛍が家の中に入ってきたりして」

と、房子さん。

「この辺の井戸は水が湧き出ていて、井戸から水貯めに水が流れてい

たんですよ」

それほど、中沢は水の豊かなところだった。それが、ゴルフ場ができてからピタリと止まったのだと言う。

芝生は、グリーンっていうが、降った雨はほとんど地下に浸透しない。森は大きな水がめだが、ゴルフ場の芝生はそうではないのだ。

「下水管が通ったら、井戸に砂が混じって入るようになったんです。うまくいかないですね」

その通り。自然に手を加えれば必ず、何らかの影響がでる。

「ここは、南へ行っても、北へ行っても坂ばかりです。この辺りは坂が多いんです」

大野さんの畑をバックに記念の写真を

「昔は坂の所がこんもりとしていて怖かった」というほどに、緑が多く鬱蒼としていたのだ。

庭に出ると、鳥が、二羽、庭の木の実をついばんでいた。

坂を上って、大野さんの畑に向かった。台地上にある大野さんの畑には、井戸がいくつもある。

「自分達が食べる分と、親戚に分ける分ぐらいしかやってない」

というが、畑には、ダイコン、ネギ、ホウレンソウ、コマツナ…、豊かな大地の恵みが、いっぱいだ。

「ここは、排気ガスもなくて、野菜にとっても環境が抜群なんですね」と、Fさん。

ここは、まさに、鎌ケ谷の農のある豊かな大地。この日は最低気温が氷点下の冬日だったが、お二人の姿を見ていると、

「こうして自然と向かい合っているから、お元気なんですね」

といった、Fさんの言葉の重みに、納得だ。

（二〇一二年春　第一〇一号）

鎌ケ谷駅から東中沢ふれあい緑道へ

今回の同行者は、都内からやってきたH氏と、案内役のFさん。

「ピーピーピー」

ツバメの巣が…鎌ケ谷駅

集合場所の鎌ケ谷駅改札口前でH氏を迎えたのは、鎌ケ谷生まれのツバメの子どもたち。

鳴き声の方を見上げると、駅と東武ストアとの間の天井のちょっとした隙間に、ツバメの姿。

「あっ、本当だ。顔出してるね」

と、長く勤めた国会図書館をハッピーリタイアした、わが友、というより、ぼくの知恵袋、H氏。

「そうとう、赤ちゃんがいそうですね」

「あれ子どもだよね。小さいね」

NHKラジオ番組の取材で墨田区、それに、日比谷公園と丸の内界隈を取り上げたとき、H氏に同行してもらったことがある。今回、鎌ケ谷、初登場。鎌ケ谷駅前から、東中沢ふれあい緑道までをいっしょに歩くことに…。

まずは、駅前のコミュニティーショップ「たまて箱」を見学してから、駅前通りを歩きはじめる。

鎌ケ谷書店の前に来たとき、

「あっ、そうだ。もしかしたら、サライの五月号あるかな」

そう思って、店の主人に聞いてみた。すると、奥の台に乗った雑誌の下の方から、『サライ』の五月号を引っ張り出して持ってきてくれた。なんと、あったのだ。

オリジナル万年筆「SERAI」が特別付録に付いた『サライ』の五月号は、どこでもすぐに売り切れ、版元にも在庫なし、の状態だった。それが、鎌ケ谷で手に入るなんて…。ニッコリである。

「もう、この商店街も若手がいないんですよ。ここから向こうは、シャッター通り。ここ、本屋ないから、なんとか…」

いい気分になったところで、鎌ケ谷のゆるキャラが描かれたマンホールを見るために、東武線に沿って、ちょっと、北へ。

「大仏様がいて、中央にナシ、これ馬の牧をイメージしてるのかな〜、日ハム、医者と看護師もいる」

ゆるキャラのマンホール

と、H氏。よくわかっている。

「昔の精工舎通りで、ここは、道幅が半分ぐらいだったんですけど、きれいなお嬢さん方が会社の行き帰りに歩いていたんです」

と、Fさん。

広くなり整備された道に一本の桜の木。トカゲが一匹、我らの気配を感じて、枝の後ろに絡まって、とまったまま動かない。これで、身を隠したつもり？

ハナミズキの花を見ながら、東中沢ふれあい緑道へ。以前Kさんと歩いたこの道を、今度は、Fさん、H氏と一緒に、下流側から、上流側へ歩くことに…。

「何かいますね」

小さい魚、それに、三㎝、五㎝ほどの小さなザリガニが、池の中に。

流れに沿って、歩く。

「カラスノエンドウ、タンポポ、ヒメオドリコソウ、オオイヌノフグリ…、クレソンもある」

「なんかとてもいい感じですね」

と、H氏。

ウグイスの谷渡りも、聞いた。

「あの黄色い小さな花はヘビイチゴ。赤い実がなるんです」

木の枝に、オナガ。

カワセミもいますよ

「姿はきれいなんですけど、鳴き声がギーギーって、あまり…」

上流側に来ると、きれいな水が流れている。散歩する人がけっこういる。

「何か、鳥の調査ですか」

声をかけてくる人もいる。

「カワセミもいますよ。あの先にメダカの里があるんですけど、崖にカワセミの巣があって、朝と夕方、見られます。捕った小魚、枝に打ち付けて食べてますよ」

Kさんの大好きなスミレの花も咲いている。

「ミヤコワスレが咲いてます」

「きれいですね」

「いい名前ですね」

木陰の散歩は、気分がいい。

ポンプアップされた水が出ている所まで、改めて、東中沢ふれあい緑道を歩いてみた。人工的に作ったこの水の流れが、「自然な形で定着していますね」といえるようになっている。


（二〇一二年夏　第一〇二号）

貝柄山公園から捕込、郷土資料館へ…

七月中旬、晴れた暑い日の午後二時、鎌ケ谷駅改札口。集まったのは東京から二人、鎌ケ谷在住の二人、それに、ぼくの計五人。前回は三人、今回は五人で鎌ケ谷の自然を訪ねて歩くことに…。

「鎌ケ谷に二〇数年住んでるけど、何にも知らないんですよ」

と、今回初参加のMさん。

もう一人、東京からやってきたEさんも初参加。それに、前回も一緒に歩いた、HさんとFさん。

まずは、御主人にご挨拶のつもりで鎌ケ谷書店に寄ると、

「あっ、先生…、この暑い中歩いてるんだ」

と、知り合いのM氏に、バッタリ。

「祭りの相談してたんですよ」

初めて鎌ケ谷を一緒に歩く二人に、カラフルなマンホールを見てもらってから、貝柄山公園へ。

公園のそばにあったマンホールに書かれた文字を見て、Mさん、

「これ、Fです。あっちはRでしたね。何の意味だったんだろう」

と、鋭い観察。

貝柄山公園の池に、噴水が三つ、勢いよく水を噴き上げている。林の中を、気持のよい風が吹き抜けていく。

「アメンボウがいるね」

水流の音を聞きながら、流れに沿って東出口の方へ歩いていく。方形に囲まれた石の枠の中から、きれいな水が流れ出ている。

冷たいですよ

「気持ちいいですよ。冷たくて、手がしびれるほどです」

と、水に手を突っ込んだMさん。

「あー、これは気持ちいい」

「冷たいですね」

「身体全体が涼しくなるね」

と、それぞれ、冷たい水を体感して、一言、心地よい感想を。池の辺に移動して、噴水を見る。逆光気味に、噴水の写真を撮る。太陽の光が正面から当たって、水に反射する。夏の暑い日の噴水は、いいもんである。風で噴水がほんの少し揺れ、水煙が漂っているのが分かる。

「虹が出るかな〜。虹を見るには太陽はどっちに…」

貝柄山公園にて

と、Hさんがいった。

で、考えて…、

「太陽を背にするようにして…」

と、答えた。

南米でイグアスの滝を見た時、何度も虹を見たが、その時、虹のバックに見えた岩肌に、太陽の光が当たっていたことを思い出したのだ。

いつの間にか、Hさんの姿が消えていた…？　戻ってきて、一言。

「虹がよく見えたよ。太陽を背中にして見たら、噴水のところに」

エッ、そうっ、てなもんで、皆、池をぐるっと回って、移動する。

「ほんと、ワー、きれい」

「しゃがんで見ると、もっとよく見えますよ」

ほんのちょっと位置を変えただけで、見え方がいろいろに変わる。大の大人が、噴水に架かる虹のことで、大はしゃぎ。こんなにも楽しむことができるなんて…。皆が虹を楽しんで、一〇分ほどすると、空一面にどんよりと雲が…。

「三時頃が良かったね」

と、Hさん。タイミング良し。

次に、国史跡の「下総小金中野牧跡」、捕込に向かい、I氏と合流。

「牧は江戸幕府直轄の牧場で、今の鎌ケ谷の市域の三分の一が牧の範囲だったんです」

「年に一回、三歳馬を捕えて…」

資料を見ながら、専門家I氏の説明を聞く。皆さん、大感激。

その後、鎌ケ谷市郷土資料館まで歩く。

「ここにあるのは、すべて、本物です。鎌ケ谷には弥生時代の遺跡がないんです。縄文の後…、あっちの展示に行くと、江戸時代になっちゃうんです」

展示品を見ながら、鎌ケ谷の歴史について、Iさんの話を聞いた。

「今日は、何か、とっても得した気持ちになりましたね」

との、うれしい感想も…。

歩いた後、市内で一杯。これも良かった。


（二〇一二年秋　第一〇三号）

二つのモニュメント

分水嶺（界）モニュメント「雨の三叉路」が「オンリーワンのまち」第一号に認定されました。

一〇月一五日発行の「広報かまがや」、そのトップページに、こんな記事が載っていた。何となく歌のタイトルに出てきそうなこの「雨の三叉路」とは？

そしてまた、鎌ケ谷市内を東経一四〇度の経線が通っていることは知っていたが、

「正しくはどの辺りを通っているのかな～？」

と、気になっていた。

そんな疑問に答えてくれるかのように、東経一四〇度線が鎌ケ谷市内にひかれたというではないか。こりゃ、ありがたい。

ということで、今回の「鎌ケ谷の自然を訪ねて」は、この二つのモニュメントを訪ねることに…。

今回も東京からやってきたHさん、それに市内在住のMさんと一緒に、鎌ケ谷駅を出発点に歩き始めた。

国道四六四号線、通称船取線を越えて、コープ鎌ケ谷店の先で左手の脇道に入る。一旦下った後、坂道を上っていく。左手に広がる畑一帯が、いわゆる、「ホートンの法則」でいうところの、一次の谷。雨が降った時だけ水が流れる、谷の始まりである。ここに降った雨は、最終的には江戸川に流入し、東京湾へと流れていく。

「ずいぶん高さありますね」

坂を上りきったところで、振り返って、Hさんがそう言った。

「この辺りの地名は丸山っていうんだね。高くなっているから…？」

坂の途中から、江戸川への谷の始まりを確認する

「消防署の先辺り、右京塚交差点付近が一番高いんじゃないかな」

「そういえば、あの通りの先、下ってますね」

そんな会話の後、

「ふだん車で通っていると気づかないけど、歩いてみるとよくわかりますね。ちがうんですね」

と、Mさんが言った。

北総台地の最上流部に位置している鎌ケ谷市内に、降った雨が手賀沼、印旛沼、そして江戸川流域の三方向へと流れていく分水嶺（界）がある。

そのモニュメント「雨の三叉路」は、道路を渡って、ちょっと行った先の左手、「まなびぃプラザ」の前にあった。

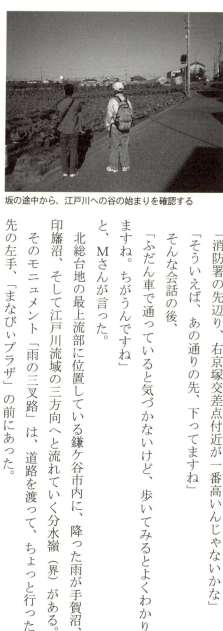

分水嶺（界）モニュメント「雨の三叉路」と記念の写真を

高さ七〇㎝、石を組み合わせたピラミッド形の、モニュメント。これは、市制四〇周年を記念して、《分水嶺モニュメントを創る会》の方々が、集めた寄付金をもとに作成して市に寄贈したもので、

「このモニュメントを建設し、分水嶺（界）を知っていただき、併せて、川の水をきれいにする努力をしていただきたい」

という願いが込められているとのこと。いい話である。


ということは、三つの水系の最上流部に生活する市民一人ひとりの責任として、下流の市への迷惑を最小限に抑え、川の水を汚さない最大限の努力が求められている、ということなのである。

最近、自然の地形や地質に着目した「ジオパーク」がしばしば話題になっている。世界レベルのそういったものにはちょっと及ばないかもしれないが、これは、もう鎌ケ谷の立派な自然遺産といえるものなのである。


記念の写真を撮ってから、尾根道、そして谷、そんな微地形を確認しながら鎌ケ谷の道を歩く。

「向こう、下がってますね」

「こんなに大きなキンモクセイ見たことないですね」

そんな会話を楽しみながら、市役所へ。目的は、市役所の屋上。

「屋上に上れるんですか」

「上れます」

屋上に上って、筑波山や東京スカイツリーの眺望を楽しんでから、新鎌ケ谷駅前へ向かった。

東経一四〇度の位置を示す線は、北総鉄道の高架線に直交するように、太くはっきりと描かれていた。ロンドン郊外のグリニッジから東へ一四〇度、日本の標準時を示す兵庫県の明石から東へ五度、東経一四〇度の経線が、この鎌ケ谷市内を通っているのである。

東経140度線が、新鎌ケ谷駅前に

これまた、ちょっといい話である。可愛らしい説明パネルもいい。

（二〇一二年冬　第一〇四号）

東へ五度、を、歩く

前回、東経一四〇度の経線が鎌ケ谷市内を通っていることにちょっと触れ、新鎌ケ谷駅前の広場にひかれた東経一四〇度線の写真を載せた。

それを見たという人から、

「東経一四〇度線がひいてあるのは、あそこだけなんですか」

と、早速反応があった。

鎌ケ谷市役所の担当者に確認すると、

「コープ鎌ケ谷店の所など、他にもあります」

とのこと。

それでは、ということで、今回は、市内にひかれた東経一四〇度線を辿って、写真を中心に、紹介することに…。タイトルは、「東へ五度、を歩く」。

一月二九日の午後、東部鎌ケ谷駅に集まったのは、お馴染みの東京からやってきたHさんと、鎌ケ谷市民のMさん。そして、この日の案内役、Kさん。

コープ鎌ケ谷店の南側、駐車場に隣接するの歩道上に

道野辺中央公園

まず向かったのは、コープ鎌ケ谷店駐車場の南側に隣接する歩道。

「線をひけるのが公共の場所に限られているので…。歩道はいいんですけど、車道はダメなんです」

と、Kさん。当然のことながら、東経一四〇度線は南北に真っ直ぐひかれている。歩道上にひかれた一四〇度線の上に立って、Hさん、携帯電話を取り出して何やら…。

「GPS機能がついているので…」

今いる場所の緯度、経度が確認できるのだ。

で、その表示画面を見ると、一四〇度〇〇分〇〇秒の次に一一四という数字が並んでいた。まさに、東経一四〇度。凄いもんである。

ちなみに、緯度は北緯三五度四五分四五秒…だった。

ちばコープの駐車場を斜めに横切るように東経一四〇度線は北に延びて、車道をまたいで、道野辺本町公園との間の歩道上に線がひかれている。

公園の北側の出入り口にも線がひかれていたので、Kさん、Mさん、そして、Hさんの三人に、それぞれの一四〇度線の上に立ってもらい、真直ぐ並んでいる写真を撮った。これも、

新鎌ケ谷駅西口ロータリー

太陽が東京スカイツリーの真上にやってきて

おとなの遊び。

「今度文化ホールができるじゃないですか。あそこにもどこか通るんです」

「東経一四〇度チョコレートなんかあってもいいですね」

「越谷オサム『陽だまりの彼女』という小説、鎌ケ谷が舞台になっているんです。それが、今度映画になるんです」

そんな話をしながら、次なるポイント・市役所方面に向かって船取線に沿って歩く。

このあと市役所に隣接する新鎌ケ谷二丁目公園、それに隣接する歩道上にひかれた東経一四〇度線、さらに、駅の西側のロータリーにひかれた線を見て写真を撮った。

今まで歩いた道を確認するために市役所屋上に上ると、そこには、日没の風景を見るために百人を超す人々の姿が…。我孫子や柏からやってきた人もいる。

「いや〜、驚きました。知り合いに会いました」

と、Ｍさん。

「屋上がＮＨＫのテレビで取り上げられてから、すごいんです…」

タイミング良し。我らも皆さんに混じって、日没の風景を楽しむことに…。写真も、パチリ。いい気分になったところで、新鎌ケ谷駅前の広場にたつ、線上の街灯に照らされた東経一四〇度線を見て、市内の店で、一杯。これが、また、旨いんだな〜。

（二〇一三年春　第一〇五号）

手賀沼へと通じる、谷のはじまりを歩く

「これも三月につけたんです」

「立体写真っていうの？」

「３Ｄポスターです」

「子どものときあったよね」

「あれと同じです」

今回の集合場所は新鎌ケ谷駅改札口前。東京から参加のお馴染みＨさん、《かまたん》の二枚の３Ｄポスターを発見して、大喜び。

触ってみて、「あっ、平らだ」「揺れたら、動きますね」。で、真似してやってみた。左側のポスターに向かって、左右に動くと、風船も動く。ウッシッシだ。

今回のメインの狙いは、手賀沼へと通じる谷の始まりを探り、歩くこと。その前に、新しく引かれた東経一四〇度線を見てから、ということで駅前広場に出る。Ｈさん、そして、今回も一緒に歩くＭさん、二人そろって、鎌ケ谷市観光案内図の前で、ストップ。

東経140度線上に立って

駅の近くにある市民の憩いの場、新鎌ふれあい公園

それを見て、

「あの中に日本ハムファイターズのマスコット、カビーが隠れているんです」

と、Kさん。

それを聞いて、もう、《ウォーリーをさがせ！》の世界に…。

「全部で八体見つけた」

と、Hさんが言ったところで、今回は初参加の、もう一人のKさんも一緒に、五人でまち歩きを楽しむことに。

「これは今年の三月末に引いたものです」

という一四〇度線に沿って、新鎌ふれあい公園まで歩く。多目的広場、その向こうに、子ども向け広場がある。一四〇度線上に、街灯が立っている。

「これすごい偶然なんです」

とKさん。では、と、皆さんに並んでもらって、記念の写真を撮る。

「市民の人で、『一四〇度線の近くだと思うんですけど、家のところを通っていますか?』って聞いてくる人もいるんです」

と、Kさん。

ということは、それだけ、気になっているということ。いい話だ。

この辺りで標高三〇m弱、気もちの良い風が吹き抜ける。

子どもたちの姿を見て、

「今度孫連れてこようかな」

と、Mさん。

ちょっとした標高の差、曲がった道、公園内の遊歩道も、いい感じだ。一四〇度線も真っ直ぐには見えない。それが、また、いい。

東武鉄道の線路を越えて、西へ、下っていく。ここからは降った雨も、手賀沼へ通じる川へと

谷の深さが、盛り土がどのくらいあるかでわかる

畑になった谷の左岸に沿って歩く

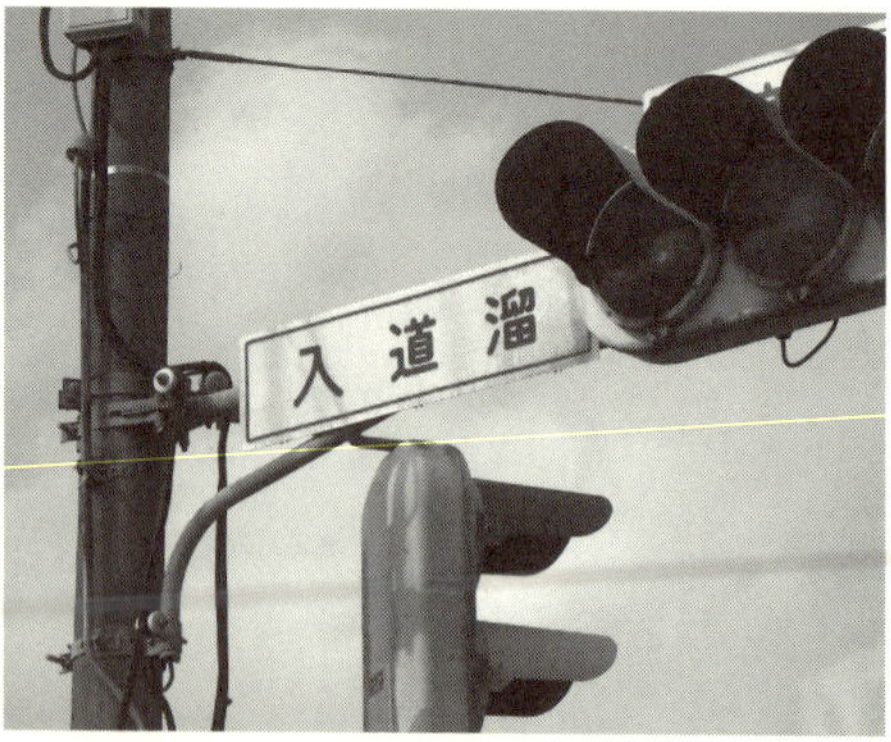

「入道溜」も、自然の地形をあらわす地名

流れていく。突き当たったところで、道は左へも右へも下り坂になる。

左に行くと、左手に、谷を埋めて盛った土を支えるための人工的なコンクリートの壁が続く。その高さのちがいが、そのまま、元々あった谷の深さを表している。この先に、今は古い地図でしか確認できないが、一次の谷の始まりがあったのだ。だが、今でも、道の右手に、その谷のつながりの低地が、畑となって残っている。

今、土地の高低差や川、谷やくぼ地の跡など、昔の地形に注目して都内を歩く人が増えている。「地形歩き」の熱心なファンもいて、研究書とはちがった楽しいまち歩きの本が何冊も書店に並ぶ。

そんな人には、是非とも鎌ケ谷に来てほしいと思う。だって、鎌ケ谷では、痕跡ではなく、実際にその地形を見ながら、まち歩きを楽しむことができるのだから。

これも、鎌ケ谷の大きな魅力のひとつなのである。自然の、今のこの姿を、こうして歩いて、記録に残すこと。これって、結構意義のあることなんだよな〜。

鎌ケ谷の地形の概観を知るために、市役所の屋上から眺める、これも、オススメ。

谷の対岸、左岸を下って行き、入道溜の交差点まで歩く。大津川をのぞき、その流れを見て、

「結構きれいですね」

と、Hさんが言った。


（二〇一三年夏　第一〇六号）

鎌ケ谷の大地を、「相馬野馬追」の騎馬武者が練り歩く

「馬、何頭いる？」

「一二頭。少し興奮しているようだった。貝柄山公園の、噴水と馬の像の間に広場があって、そこにパドックがあって、後ろ足を蹴ったりしていた」

そう言ったのは、「旅楽舎」の事務局長、Hさん。

「初めて知りました。将門の子孫が…。楽しみにしてました」

と、鎌ケ谷市民の名カメラマンMさん。それに、

「今年の鎌ケ谷市民祭りには、初めて、相馬野馬追の騎馬武者がやって来ます」

との貴重な情報を教えてくれたKさん。新鎌ケ谷駅に四人が集合。

初めて鎌ケ谷に相馬野馬追がやって来るのなら、せっかくだから、ということで、今回は、一〇月一二日に鎌ケ谷市内を歩くことに…。

この日は、新鎌ケ谷駅周辺の新鎌ふれあい公園、新鎌ケ谷駅南口ロータリー、それに鎌ケ谷市役所駐車場の三ヶ所を会場に、第三九回鎌ケ谷市民まつりが開催され、どこも大賑わいだった。

天気もよく、福島県相馬地方から国指定重要民俗文化財の相馬野馬追が初めて特別参加するということもあって、多くの人が会場に押しかけ、大いに盛り上がった。

「相馬野馬追が、何で、鎌ケ谷に…?」

との問いの答えは、鎌ケ谷市民まつりのポスターに、次のように書いてあったので、引用することに。

「鎌ケ谷」と「相馬野馬追」には歴史的な縁と多くの共通点があります。相馬野馬追の由来は、平将門が下総国小金原に野馬を放ち敵と見立ててこれを追ったことに始まるとされます。また、平将門の子孫と言われる相馬氏のルーツは、鎌ケ谷市域の北部を含む「相馬御厨(そうまみくりや)」という荘園を治めたことから始まります。相馬氏が鎌ケ谷の地を去って600年余り、「相馬野馬追」の騎馬武者12騎が「鎌ケ谷市民祭り」に特別参加します。

鎌ケ谷と相馬野馬追とは、歴史的に、こんな強いつながりがあったのだ。

午後一時半、ほら貝の音とともに、「ヒヒヒ〜ン」と、馬のイナナキが新鎌通りに、聞こえてきた。沿道で待ち構える人の多いこと。

「興奮している馬が二頭いますので、馬が見えるようになったら、必ず歩道に上がってください」

馬も興奮しているようだが、待っているぼくらも、もう、期待でかなりの興奮状態。何と言っても、初めて相馬野馬追をすぐそばで見られるのだから…。

しかし、今回のこの祭り、観客も、警備の人も、運営している鎌ケ谷市民祭り実行委員会の皆さんも、どことなく和やかで、笑顔がいっぱい。皆が楽しみ、気持ちのよい、いい感じの祭りだった。

「初めて馬に触ったけど、きれいな肌してるんですね…」

最後に鎌ケ谷市役所駐車場に結集した馬の鞍がはずされたあとの、市民と馬との触れ合い、これも、良かった。


（二〇一三年冬　第一〇八号）

若武者がほら貝を吹く

甲冑に身を固めた騎馬武者の行列

お役目が終わった後は、市民との触れ合いの時間に…

鎌ケ谷について、もっと、もっと、語ってみませんか…

「千葉県が誕生して今年一四〇年になるんですよね。東経一四〇度となんか関連付けられないかな〜って、考えてみたんですけど…」

という話から、

「今年は二〇一四年で、千葉街道は国道一四号線。一四という数字にも縁があるんですよね」

と、市役所職員のSさん。

こういう何気ない雑談の中から、ひょいっと、光るものが出てくることがある。その話をそばで聞いていた人が、

「何をつまらないこと言っているんですか」

なんて、いうようなところからは、何も出てこない。

ここで大事なのは、こういうことを、面白がってやる、という気持ち。さらに、そばにいる人も、

「一四日に、何かからめてイベントやるのも、いいですよね。一年が一二月までじゃなくて、

一四月があれば、いいのにな～。残念」

なんて言いながら、いつの間にか話に加わってしまっている、というのが、理想的。そんなところから、尖った新しいアイデアのようなものが出てくるもんである。このユルユル感ともいえる心の余裕も、大事なんだよな～。

＊

市役所の屋上や東武電車に乗ったときに富士山が見えると、いい気持ちになる。そういうもんだ。

「私の部屋から富士山が見える」

という人は、ひとまず置いておいて、誰でも、その気になりさえすれば、富士山を見ることができる、というのが、いい。

鎌ケ谷市内を歩いていて、富士山が見えた、なんてことがあると、これは、もう、いい気持ちを通り越して、なんか、ものすごく得した気持ちになる。

「道を歩いていて富士山が見えるところなんて、そんな場所が鎌ケ谷市内にあるんですか」

という人に、そっと教えよう。

あるのです。ぼくが知っているところだけでも、数ヶ所…。冬の空気が澄んだとき、鎌ケ谷の大地に立ったまま、富士山がはっきり見えるところがあるのです。どこにあるかは、自分で見つけてください。そのためには、鎌ケ谷市内を歩いてみないとね。

＊

愛知県の岡崎市に、カクキューの商標で知られる合資会社八丁味噌がある。ここを取材で訪れたとき、管理部長のOさんに一階の事務所のご本人の席に腰掛けるように勧められるまま、その椅子に腰掛けた。そしてそこから窓の外を見ると、なんと、岡崎城の天守閣が眺められるのだ、驚いたね〜。岡崎城から西へ八丁。この両者をまっすぐ結ぶ線の間に視界を遮るような建物が一切建ってないのである。このことが、現在までずっと守られてきた。岡崎にはこんなすごい歴史の重み、が、ある。

鎌ケ谷には鎌ケ谷の、この自然の恵みがあり、そしてまた、これからつくられる延々と未来へと続く素晴らしい歴史の重み、が、ある。そうあってほしい、と、思う。その結果が残せるかどうかは、いつの時代もそのときそこに暮らす人々の腕にかかっている。

『Ｃｉｔｙかまがや』のバックナンバーをずっと読んだことがあるんですけど、秋山先生は最初からずっと書いているんですね」

と言われ、「はい」と答え、

「都市計画課の所属になると、都市計画審議会の記録を最初から全部読むことになっているんです。そしたら、最初からずっと秋山先生の名前が出てくるんですよね。驚きました」

と言われ、ここでも、「はい」と答えた。

「以前は、鎌ケ谷っていうと、ほとんど知ってる人がいなくて、鎌ケ谷がどこにあるかから説明してたんですけど、先日、研修の席で『鎌ケ谷からやってきました』って言ったら、『日ハムの球場のあるところ』って、言われて、『いい所ですね』って、言われたんです」

と言い、さらに、

「今じゃ、鎌ケ谷に住んでいることが自慢ですね」

と言った人がいる。

いいことである。

「そういえば、『陽だまりの彼女』に出てくる小学校は中部小で、中学校は四中ですよね」

「イタリアレストランは、博士ラーメンのそばの…」

「銀杏公園はどこ？」

「ちょっと特定できないんですよね」

話題は、なんでもいい。鎌ケ谷について、語ることが、大事。もっともっと、鎌ケ谷について語ってみませんか!!


（二〇一四年春　第一〇九号）

私市冨士弥さんと一緒に歩く

「風光明媚な所があるというわけではないですけど、自然災害がなく、歓楽街がない。犯罪も少ない。全般的に鎌ケ谷は住みやすい所だと思います」

と、私市冨士弥さんが言った。

「この前はスイスのことを書かれてましたね」

私市さんは、ある雑誌に連載中のぼくの記事を毎回読んでくださっていて、市内のイベントなどで会うと、そのたびに、うれしくなるようなことを言ってくれる。

そんな私市さんと一緒に鎌ケ谷を歩きながら、昔の話など、お伺いしたいな〜、と、ずっと思っていた。で、四月の上旬そのことを話すと、

「いいですよ」

と、笑顔で、即答。その一〇日後に、実現した。

待ち合わせ場所は、市役所のロビー。まずは、屋上に上り、風景を眺

鎌ケ谷市役所の屋上から風景を眺める

めながら話をお聞きし、そのあと、スターバックスに寄り、最後は私市さんのお気に入りの場所に行く、ということに…。

「市役所の周りなんか、全く変わってますよね」

私市冨士弥さんは昭和五年生まれの、八四歳。鎌ケ谷市でお酢の製造販売をしている私市醸造株式会社の会長さんである。

「私は東京で生まれ、旧制の学校制度の最後の生徒なんですよ」

鎌ケ谷に住むようになったのは、昭和二一年とのこと。

「明治時代に走っていたような、ちょっと小さな煙突がついた汽車が走ってました。東武電車には船橋から鎌ケ谷まで買い出しにやってきた人が沢山乗ってました」

当時鎌ケ谷は陸稲やサツマイモが有名だったとのことだ。現在の仕事を始めるようになったのは、「昭和二五年から親父と二人で」。

「東武団地は、昔はユートピア牧場という名前の牧場だったんです。確か帝国ホテルのオーナーが持っていたんだと思いますよ」

う〜ん、東武団地に住んでいながら、初めて知った。

私市醸造のそばに、道路との境界に置かれた御影石に陸軍と読めるものがある、という話を聞き、案内していただくことに…。

あった。確かに、陸軍と読める。

私市醸造から木下街道に通じる窪地になった道沿いに、陸軍と刻まれた、御影石。そして、その谷の部分に、かなり頑丈そうなコンクリートの橋脚が四つ立っている。

「昔は橋脚の上に線路が敷いてあって、鉄橋の上を歩いたんですよ。その線路が、ある日突然盗まれたんですよ。一晩で、鉄の部分だけ、消えたんです」

そんな私市さんのお話を聞きながら、写真を撮っていると、通りかかった人から、

「秋山先生ですよね」

との声。驚いた。

谷の底にはふたがされているが、ここには二和川が流れている。

「この川だけは、滝不動が源流で、船橋から入ってきているんです」

と、声をかけてくれたNさん。

この川を除くと、鎌ケ谷を流れる川の源流は、すべて市内にある。

（二〇一四年夏　第一一〇号）

野馬土手がこんなに身近にあった、なんて…

身近にあるもので、日頃気にも留めず特別な価値があるものとは思わず、何気なく見ていたものが、あるとき、話を聞いて、

「へー、そんな価値のあるものだったんですか？」

と、驚くことがある。

知る、ということの大切さ、素晴らしさ、そして、知らないことの〇〇…が、そこにはある。

「鎌ケ谷にも、そんなものがあるんですか？」

と言われりゃ、

「ある。鎌ケ谷にも、ある。すごいものが…」

と、強く、言いたい。

鎌ケ谷市内にある唯一の国史跡「下総小金中野牧跡（捕込・野馬土手）」である。

本物の馬を連れて来たり、寄席を開いたり、と、定期的にイベントが開催されるようになって、「捕込《とっこめ》」については、ちょっとは知られるようになってきたようだが、もう一方の「野馬土手」

についての認知度は依然としてかなり低いまま。そのことがずっと、気になっていた。

では、もっともっと知っていただこうではないか。ということで、今回は、鎌ケ谷市内で今、実際に見ることができる「野馬土手」について、専門家のIさんと一緒に歩きながら撮った写真を中心に、いくつか紹介することに…。

「明治一三年の陸軍の測量図が正確な測量してるんですが、それと、江戸時代の絵図を合わせてみると、絵図も結構正確なんですね」

野馬土手の位置を記した古地図を見ると、鎌ケ谷の自然を生かした配置になっていて、谷津がかなり重要な役割を果たしていることがわかる。

写真①：市役所がバックに見えるこの土手は、「大込土手といって、捕込に野馬を追い込むとき、効率化を図るために」袋状に構築されたもので、捕込のそばにある。
写真②：先に見える土手は①の大込土手を内側から見たもの。Iさんの立っている所に、一旦二〜三百頭もの野馬が追い込まれた。

野馬土手には、野馬除土手と勢子土手、それに、大込土手がある。野馬除土手は野馬の里入りを防止するために牧と人が暮らす村との境に構築されたもので、勢子土手は野馬捕りの効率化を図って、牧内に構築されたものだ。

④ かまぼこ上に野馬土手の断面が見える

① ここにも野馬土手が…

⑤ 稲荷前三差路のそば。ここも、野馬土手のあったところだ

② あの先に見える土手も、野馬土手です

⑥ 鎌ケ谷一丁目ふれあいの森、村と牧との境だったところだ

③ 初富小学校校庭西側に残る、国史跡「下総小金中野牧跡（野馬土手）」

写真③は、初富小学校校庭西側に残る野馬土手を撮ったもの。これは勢子土手で、土手がかなり残っていて、野馬土手の雰囲気がよくわかる。ここには、案内板があって、ここに描かれた地図を見ながらこの説明を読むと、野馬土手のことがよくわかる。ここは、必見の場所だ。

「自分の学校の中に国の文化財があったなんて、日本国内でもそんなにあるわけではないので、初富小の児童にはその辺誇りを持ってもらいたいですね」

と、Ｉさん。

バイパスの道路が作られ、かまぼこ型に野馬土手の断面が見えるようになったところが、写真④。

写真⑤は、稲荷前三差路から東武団地へと通じる道に残る、野馬土手の跡。

写真⑥は、鎌ケ谷一丁目ふれあいの森に残る、牧と人が暮らす里との境に構築された野馬除土手。写真の道路は、牧の中。ふれあいの森を歩くと、そこは、牧の外。

野馬土手を訪ねて、鎌ケ谷市内をゆっくり散策。こんなまち歩きの楽しみがあっていい。これ、日本全国広しといえど、鎌ケ谷でしか体験できないこと。おススメですぞ。

（二〇一四年秋　第一一一号）

鎌ケ谷、観光の魅力、こんなおススメポイントが…

「鎌ケ谷大仏が、交差点の方に少し動いたらしいんです。大仏商店街の人が言ってるんですよね」

商工振興課のKさんがそう言った。理由は、地震の影響と言う人もいれば、大仏コロッケが食べたいから、と、言う人もいるとのこと。こういう話、ぼくは大好きである。いいな～と、思う。

「千葉、観光の魅力」高校生フォトコンテスト

高校生を対象にしたこんなフォトコンテストが実施される。ポスターをご覧になった人もいると思うが、〈観光立県千葉〉、その観光の魅力を、高校生の視点で写真に撮ってもらおうというもの。第四回目となるこのフォトコンテスト、今回から主催が鎌ケ谷市になった。後援には東武鉄道、北総鉄道、新京成電鉄、千葉県観光物産協会のほか、観光経済新聞社、東京成徳大学人文学部観光文化学科、それに、この『Ｃｉｔｙかまがや』などが並ぶ。

鎌ケ谷市は都市部にありながら、歴史・文化・自然が共存した魅力的なまちです。また、日本の玄関口「成田国際空港」と「東京」を結ぶ中間地に位置し、多くの人々が交わるまちです。…（中略）…「出会いのまち鎌ケ谷」で、千葉の新たな魅力に出会えるよう、千葉県の観光にスポットをあてた、フォトコンテストを開催いたします。高校生の皆さんから〈観光立県千葉〉は、どんな風景が見えますか？

市内のいろいろな所に貼られたポスターに、こう書いてある。

高校に在籍している人であれば、千葉県民でなくても、日本全国、いや、世界中のだれでも、応募できる。高校生の目で見た、千葉県の魅力ある観光スポット…。それを、鎌ケ谷市が主催して、フォトコンテストを開催する。素晴らしいことである。多くの人に応募してほしいと思う。どんな作品が出てくるか、今から楽しみだ。

このコンテストの実務は、市役所の商工振興課が担当する。ということで、商工振興課の皆さんといろいろ話をしてきた。その話の流れで、Kさん、Hさんのお二人に、「市民アンケートの結果も考慮して決めた」という、鎌ケ谷市内のおススメの観光スポットを案内していただくことになった。

回ったところは、市制記念公園、貝柄山公園、鎌ケ谷スタジアム、新京成電鉄車両基地、海上

自衛隊下総航空基地、市役所屋上、鎌ケ谷大仏。

「市制記念公園は、スカイライナーが通る時だといいんですけど」

と言いながら、Kさん、スカイライナーがここを通過する時間を、時刻表を見てチェック。市制記念公園で蒸気機関車と飛行機をそばで見た後、展望台に上った。

で、待っていると、「ゴー」。電車が近づいてくる音が…。「アッ」。慌てて小型のデジカメのスイッチをオンにするが、間に合わない。そりゃ、当然。こういう時は、カメラも、選ばないとね。

鎌ケ谷スタジアムでは北海道日本ハムファイターズ首都圏事業部のMさんから、いろいろいい

新京成電鉄車両基地

下総航空基地

市制記念公園

話を聞かせていただいた。これは、一度、改めてゆっくり取材して、書くことに…。
応募の締め切りは一二月二六日。このタウン誌を見て初めて知ったという高校生のみなさん、鎌ケ谷で撮った力作を応募しませんか。

（二〇一四年冬　第一一二号）

いま、熱く燃える、自然の中の「ボールパーク」
――鎌ケ谷スタジアム――

鎌ケ谷スタジアム（鎌スタ）が、いま、熱い。夏になったから、暑い、というのではない。スタジアムで働くスタッフ一人ひとりから、温かい、ホスピタリティ溢れる不思議な熱気のようなものが感じられ、それが、グラウンドから、スタジアム全体に伝わってくるのだ。

二〇一四年四月の最終日曜日、山藤が満開に咲く鎌ケ谷の自然に囲まれた鎌スタを訪れ、試合を観戦し、話を伺った。

「以前は、鎌ケ谷に野球場がある、それだけだった。でも、今は違います。地域にどう貢献していくか、それをつねに考えています。特に、ここ数年、大きく変わりました」

スタッフの一人、Kさんが言うように、鎌スタはここ数年、大きく変わった。

二〇一三年に、画質が日本一の〈鎌スタ☆ビジョン〉ができ、一塁側ブルペンの隣に〈鎌スタ☆プール〉もオープンした。

昨年は〈カフェ☆カビー〉がリニューアルされ、〈鎌スタグッズ販売機〉、〈鎌スタ☆キッチン〉、〈鎌スタ☆レッチ〉ができ、三塁側ブルペンの先に〈鎌スタ☆茶畑〉もできた。

この日、試合の間中、〈鎌スタ☆キッチン〉には、常に行列ができていた。三〇〇円の鎌スタ☆ドッグは人気で、一〇〇円のかき氷は、カップに入れてくれたかき氷に、お好みのシロップを自分でトッピングする。これも、人気の一つだ。

二〇一二年にリニューアルオープンした、オリジナルグッズを売っている〈くまのこ百貨店〉には、「ここでしか売ってないもの」があり、札幌から買いに来る熱心なファンもいるとのこと。

実は、〈鎌スタ☆ビジョン〉の裏、駐車所の隣にできた〈鎌スタ☆レッチ〉にあるストレッチ用具は、すでに、何度か、利用させてもらっている。ホッピング、フットステップ、アーチポールなど五種類のストレッチ用具は、手軽で楽しみながら運動でき、しかも、無料。鎌ケ谷の自然を感じながら、親子でストレッチもいい。

間近で、臨場感たっぷりの試合を観戦する

四月二六日の日曜日、二〇〇〇人を超える人々が鎌スタを訪れた。グラウンドで繰り広げられる、選手の野球に挑む真剣な姿。それを、これほど間近で見ることが出来るなんて…。感動した。なぜだかわからないけれど、心の中に、新鮮な発見のようなものを感じ、モヤモヤッとしたものが、パア〜と、飛んでいった。おかげで、仕事のちょっとしたアイデアも浮かんできた。ありがたいことである。

野球を楽しみ、試合の間にスタジアムで繰り広げられるイベントも、楽しんだ。マスコットのカビー君も、大活躍。カビー君の動きを見ていると、楽しいだけでなく、なんとなく癒されるような、不思議な気持ちになってくる。

鎌スタで、生で、野球の試合観戦。この臨場感を一度経験すると、癖になる。今まで一度も鎌スタに行ったことのない人、一度、出かけてみませんか…。それだけの価値、ありますぞ〜。

平日はシルバーパスの人ばっかりのときもあるとのこと。でも、「ここに来ていると家族の人も安心だっていう人もいるんです。お金使わなくても、楽しんでいただければ…」という話を聞いて、そういうホスピタリティ溢れる感覚に、改めて、感動。

外野席でシートを敷いて、お弁当を食べながら家族で観戦している人もいた。楽しみ方も、い

〈カフェ☆カビー〉〈鎌スタ☆キッチン〉に並ぶ人、人…

5種類のストレッチ用具のある〈鎌スタ☆レッチ〉

カビー君と一緒に、子供たちも、イベント参加の準備を…

ろいろ。このスタジアムを起点に、まち歩きを楽しむのも、いい。

「鎌スタ☆サポーターズクラブは、明るく元気なまちづくりを目指しています」とC☆B（カビー）通信に書いてあるのも、いい。

アイデア豊富、行動力のあるディレクターNさんの話を伺い、「こういう人がいる鎌スタはもっともっと進化していくに違いない」と確信した。

「鎌スタのある、鎌ケ谷」。今後、いろいろな所から、そんな声が、聞こえてきそうだ。


（二〇一五年夏　第一一四号）

鎌ケ谷、コミュニティバスの旅、「ききょう号」に乗って…

「前回の『Ｃｉｔｙかまがや』に鎌ケ谷スタジアムが出てましたけど、どうやって行ったんですか」

と、言われた後、

「コミュニティバスも通っているんですよ」

と言われたことがきっかけになって、話題は鎌ケ谷のコミュニティバス〈ききょう号〉のことに…。

平成一三年に二路線で運行を始めた〈ききょう号〉は平成一八年に路線が増え、現在、四路線が、月曜から金曜まで、市内の全域をカバーするように走っている。

路線バスを乗り継いで旅をする「路線バスの旅」といった番組があって、結構人気があるというのだから、「コミュニティバスの旅」というのも、あっていい。

そんなことを話していると、市役所の某部長が、

「コミュニティバスを乗り継いで、房総の館山とか、銚子まで行けたらいいのにね」

と言った。

確かに、お隣、白井市の循環バス〈ナッシー号〉は新鎌ケ谷駅まで乗り入れている。さらに、東に隣接する印西市にある千葉ニュータウン中央駅まで乗り入れている。

こりゃ、もしかしたら、本当に、そんなことができるかも…。

話の途中でのこういった柔軟な発想力といったようなものは、素晴らしいと思う。こういうことを考えるというのは、本当はとても大事なことなんだよな〜。

まずは、地元のバスに乗ってから…。

「降りるときに乗り継ぎ券をもらって、乗り継ぎも出来るんです」

コミュニティバスの育ての親、Sさんからも、いろいろいい話を聞いた。

ぼくはといえば、ききょう号には、以前、一路線だけ、数回乗ったことがあるが、しばらく乗ってない。これでは、鎌ケ谷市民としては、申し訳ない(?)。ということで、この機会に、順に、四路線のすべて乗ってみて、そこから、鎌ケ谷の自然がどんな風に感じられるか、体験してみることに…。

バスに乗る前に、「運行ルート・時刻表」、「かまがやぶらりマップ」、それに、「鎌ケ谷市ガイドマップ」の三点を、市役所で入手。事前に地図を見て、鎌ケ谷市内の全体的な概略、バスのルートなどを大雑把にチェックしてから、手始めに、今回は、市役所から、さわやかプラザ軽井沢まで、鎌ケ谷・ききょう号の旅を楽しむことに。

料金は、一〇〇円コイン一枚。

コミュニティバス「ききょう号」

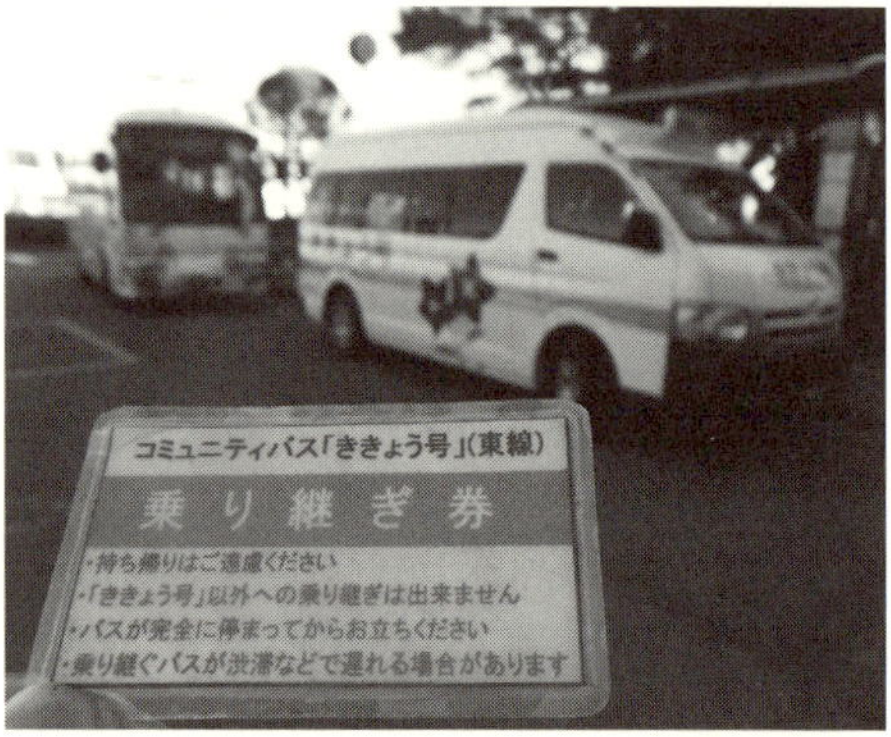

乗り継ぎ券

「かまがやぶらりマップ」を見ながら、ききょう号に乗る

市役所発午後三時二四分、ききょう東線に乗った。ここでの乗客は、ぼくの他に、もう一人。鎌ケ谷総合病院を経由して新鎌ケ谷駅ストップ。「軽井沢方面です」との運転者のアナウンスの後、年配の乗客が五人乗ってきた。

「やあ、こんにちは」

と、挨拶する人もいる。

「お久しぶりです。お元気でしたか」

と言葉を交わす人もいるなんて、これぞ、まさに、コミュニティバス。

「次は鎌ケ谷警察署です」

市制記念公園入口、五本松小学校、南初富交差点…、五本松、市民体育館…、さわやかプラザ軽井沢まで、約三〇分。

折り返し、さわやかプラザ発のバスにも乗った。ここでの乗客は、小学生の男の子が二人、お母さんと女の子、それに、年配の女性の、計五人。同じルートでも、走る方向が変わると、車窓から見る風景も変わる。これが、楽しい。

小型のバスに乗っての、ゆっくりした市内巡り。乗ってみて、凸凹の地形、里山など、ふだんとちょっとちがった鎌ケ谷の自然を感じる事もあった。

ききょう号に乗ってみて、意外や意外、思っていた以上に、楽しかったのだ。一〇〇円では、遊園地で乗りものに乗ることなんてできない。これまた発想を換えて、時間のある時に、このバスに乗るために乗る、ということも、いいもんである。バスに乗った後、ニヤッ。何か、ちょっと、得した気持ちになった。

一〇〇円で、結構楽しめますぞ〜。バスの運転手さんとのちょっとした言葉のやり取り、これも、楽しかった。

（二〇一五年秋　第一一五号）

コミュニティバス、「ききょう西線」に乗る…

鎌ケ谷市内を走るコミュニティバス「ききょう号」は、四つのルートを走っている。東線、東線二、南線、西線、この四路線だ。

前回、東線に一人で乗り、その時のことを書いた。

その時、「こりゃ、他の路線にも乗ってみなくっちゃ。それも、一人ではなく…」と思った。

ということで、ルートを検討して、今回は、ききょう西線に乗ることに…。

ききょう西線の上りは第五便までである。その第二便が、鎌ケ谷駅を午前一〇時三七分に出発する。

駅前で、これに乗るために東京からやってきたHさんと、合流。

まずは、ルートの確認。

中部小学校入口、グリーンハイツ、中沢谷地川、ファイターズタウン、貝柄山公園入口を通って、鎌ケ谷駅に戻った後、北初富駅、くぬぎ山交差点、梨花苑、くぬぎ山コミュニティセンター、西部小学校、新鎌ケ谷駅、そして、鎌ケ谷市役所まで。その間、約五〇分。楽しみなルートである。

一〇〇円玉を一枚、料金箱に入れて、小型のマイクロバスに乗る。

乗客は、他に女性が一人乗って、計三人。

出発すると、次の停留所名「中部小学校入り口」「鎌ケ谷高校」などが、録音された音声で車内に流れる。それを聞いて、降りる人は、座席のそばについているブザーを押して運転手に知らせる。南部公民館入り口を過ぎたところで、「次はアーチェリー弓道場です」と、運転手さんが言った。ここは、元、市民プールだったところである。

南部小学校を過ぎたところで、ききょう号は、ぐるりと回って、林の中の狭い道を進んでいく。東京からやってきたHさんは、こういう道に、感激する。梨畑、農家もある。

出発して、約五分。下っていくと、グリーンハイツ。

「鎌ケ谷駅までお願いします」

そう言って、二人の年配の女性が乗ってきた。日ごろよく利用しているようだ。

小さな川を渡る。Hさん、スマートフォンを出して、地図検索。画面に出た地図で小さな川を確認。その水路を上流側へたどっていく。そして、

「この川、囃子清水から流れてくるみたい」

と、言った。

それを聞いて、アレッ。ウン、なんか…。ちょっと、気になることが…。で、家に戻ってから、

鎌ケ谷駅前から、ききょう西線に乗る

グリーンハイツ

くぬぎ山交差点を行く

この『Ｃｉｔｙかまがや』のバックナンバーを取り出して開いてみた。あった。そう、この「鎌ケ谷の自然を訪ねて」の第一回目（一九八七年四月）で、囃子清水について書いていたのだ。

その最後のところに、

「この水が、鎌ケ谷高校の西を通って、鎌ケ谷グリーンハイツへとつづく」

と、書いてあったじゃないか。

三〇年ほども前のことだ。

次の停留所名は、中沢谷地川。名前を聞いただけで、この辺りの自然の地形の状況が、よくわかる。こういうの、いいな〜、と、思う。

以前、この近くの里山の麓を流れる清水の辺には、ホタルがたくさん出た。

ファイターズタウンの前を通って、坂を上るように進んでいくと、第四中学校。梨畑の間の小道、これも、いい。貝柄山公園入口で、男の子を連れたお母さんが乗ってきた。

市内の南西部を回ってきて、鎌ケ谷駅に寄って、今度は、市内の北西へ向かう。

「お世話になります」

と言って、乗ってくる人もいる。

「〇〇さん脳梗塞で倒れたらしいよ」

運転手さんと乗客との、そんな会話が聞こえてくる。

北初富駅を過ぎて、くぬぎ山交差点を左折。梨花苑で止まると、乗り口に、踏み台が出てくる。

「下に、丸太が置いてあった」

と、Hさんが言った。

ゆっくり乗ってくるおばあちゃん。これぞ、人にやさしい、コミュニティバス。何となくいい気持になって、市役所の停留所でバスを降りた。

（二〇一五年冬　第一一六号）

あとがき

今、ぼくは鎌ケ谷に暮らしている。

故郷は、鎌ケ谷である。

ずっとその気持ちを持って、このまちを歩き、『Ｃｉｔｙかまがや』と関わってきた。

この鎌ケ谷の良心ともいえるタウン情報誌に今まで書くことができた、ということは、ぼくの大切な財産だと思う。

発行人の赤羽登美子さん、編集長の木下千鶴子さん、それに、創刊当時からのスタッフの皆さん、すべての人に、心から感謝している。その感謝の気持ちを込めて、これまで連載したものをもとに、一冊の本にまとめてみた。ありがとう。

史跡など歴史的なものは、比較的残ることが多い。しかし、自然的なものは、消えてしまって、残りにくい。だからこそ、そこに残る自然を、そのままに、記録しておくことが大切なのだと思う。

創刊当時のこと、区切りの年の何本か、そして、最近のもの、それらが、そのときのそのままに、この本に書かれている。今も、残っているものもあるが、すでに無いものもある。これから先、どうなるか、どうするのか、それを考えることも大切だ。

一緒に歩いていただいたKさん、Hさん、Fさん、Mさん…。実に多くの人のお世話になって、この本ができた。本文にお名前を出させていただいた人たちの他にも、お世話になった人がたくさんいる。今改めて、お一人おひとりに、感謝の気持ちを込めて、ありがとうございます、と心からお礼を申し上げる。

この本は、NHKラジオの旅番組「旅に出ようよ」に三年間レギュラー出演し、旅をした日本各地・二四のまちについて書いた『大人のまち歩き』に続いて、新典社から出る二冊目の本。鎌ケ谷を歩き、日本の各地を歩き、そして、世界へ。まさに、鎌ケ谷発、世界へ、である。『大人のまち歩き』も、合わせてお読みいただければ幸いである。

この本の出版にあたって、新典社の社長、岡元学実さん、それに、編集部の小松由紀子さんに大変にお世話になった。心から御礼を申し上げる次第である。

二〇一六年四月

秋山秀一

Photo：A. Izumi

秋山　秀一（あきやま　しゅういち）

1950（昭和25）年，東京・平井の生まれ。1977（昭和52）年より鎌ケ谷に暮らす。

東京教育大学（現筑波大学）大学院修了。旅行作家，元東京成徳大学教授，ＮＨＫ文化センター講師。日本エッセイスト・クラブ会員，日本旅行作家協会評議員，旅チャンネル番組審議委員。鎌ケ谷市都市計画審議会会長。

「旅」が中心の生活，40年。訪れた国と地域は80か所以上。テレビ，ラジオ，そして講演等で語る旅の話には熱烈なファンも。2009（平成21）年4月から3年間，ＮＨＫラジオつながるラジオ金曜旅倶楽部「旅に出ようよ」に旅のプレゼンターとしてレギュラー出演，日本の旅の楽しさをラジオを通して全国に発信。

「世界旅レポート」（ノースウエスト航空機内誌），「旅の達人が見た　世界観光事情」（マネジメントスクエア）などを各種雑誌に執筆。著書に『大人のまち歩き』（新典社），『世界，この魅力ある街・人・自然』（八千代出版），『フィールドワークのススメ　アジア観光文化の旅』（学文社），『マレーシア』（三修社），『ウクライナとモルドバ』（芦書房）などがある。

鎌ケ谷 まち歩きの楽しみ

2016年6月21日　初刷発行

著　者　秋山秀一
発行者　岡元学実

発行所　株式会社　新典社

〒101－0051　東京都千代田区神田神保町1－44－11
営業部　03－3233－8051　編集部　03－3233－8052
ＦＡＸ　03－3233－8053　振　替　00170－0－26932

印刷所 恵友印刷㈱　製本所 牧製本印刷㈱

ISBN978-4-7879-7858-5 C0026
http://www.shintensha.co.jp/
E-Mail:info@shintensha.co.jp